齋藤 孝の天才伝 6

シャネル

人生を強く生きるための「孤独力」

大和書房

シャネル
天才の理由

ガブリエル・シャネル

Gabrielle Chanel

(*1883—1971*)

愛称「ココ」。１２歳の時に母親が貧困の中で病死。
父親はガブリエルを修道院の経営する孤児院に預けて失踪する。
やがて、恋人の支援でパリに開いた店が大成功し、経済的にも自立。
前衛芸術家たちのパトロンとなり、パリに「女王」として君臨。
既成の権威に挑戦し、新しい時代にふさわしい女性のためのファッションを
つくり出したことから、「皆殺しの天使」と呼ばれた。

天才の理由 その1

「男性に見られるための女性像」から女性自身のためのモードへ

女性としてはじめてモードの革命を成し遂げる

シャネルが活躍を始めたのは二〇世紀の初頭。当時のごてごてとした装飾的な、男性に見られるための女性の服飾デザインを、「シンプルかつエレガント」をコンセプトとした現代にも通じる実用的なデザインに変えてしまうという「モードの革命」を、シャネルは成し遂げました。

天才の理由
その2

庇護《ひご》される女性から「自立した女」へ大転換
自立した働く女のモデルを確立！

シャネルは、「女性は男性に従属するもの」というそれまでの女性像を打ち壊し、自立した「働く女」の姿を、自分自身がモデルとなって示しました。恋人とは適度な距離感を持てる、艶《つや》っぽさも備えた、とっても粋《いき》な女性だったんですね。

天才の理由 その3

黒と白のシンプルな機能美

現在でも失われないパワーを持った最強のブランド力

シャネルが生み出したのは、女性自身の手による、今でもなお「最強の」女性ブランド。品質の確かな製品をつくり、デザイン的にはシンプルな機能美を強調するというシャネル独自のブランド戦略を確立しました。シャネルは、現代的なビジネスの才能も持っていたんです。

齋藤孝の
天才伝

第1章

これがシャネルの世界だ！

孤独な少女が美の世界を変える

シャネルの世界

永遠の爆弾

シンプルさ
20世紀的な
実用主義
ユニセックス
すべてを
剥《は》ぎ取る
ハサミ
絶対の美
黒と白
シャネル・スーツ
マリンルック
ジャージー
トータル・ファッションとしての
モード
影響
イギリス
ボーイ・カペル
ウェストミンスター公
香水
No.5
交流
芸術家たち
ピカソ(絵画)、コクトー(演劇)
ルヴェルディ(詩)
ディアギレフ(ダンス)
ストラヴィンスキー(音楽)
etc…

人生

孤独を抱えて生きていく
「ひとりぼっち」から始まるプロローグ

シャネルは幼年期、少女期を、修道院の経営する孤児院で過ごしています。修道院特有の徹底した厳しい教育と孤独の経験が、シャネルの世界観に大きな影響を与えました。シャネルの晩年の友人だったフランスの作家、ポール・モランがスイスの山荘[*1]でシャネルから直接聞き書きをしてまとめた伝記『獅子座の女 シャネル』のプロローグには、次のように書かれています。

「あたしにとっては、今日のこのスイスも、昔のオーベルニュの生活[*2]も、たったひとつのことしか、見つけられません。それは、孤独ということです。

六つで、もうひとりぼっちでした。母は死んだばかり……父は、伯

＊1　スイスの山荘
シャネルは第二次大戦中、ナチス政権の諜報部員であったドイツ人を愛人にしていました。そのため、戦後ずいぶん時間が経って「奇跡のカムバック」を果たすまで、スイスへの亡命を余儀なくされていました。

＊2　オーベルニュの生活
フランス中南部に広がる地方で、火山が多いため、ヴィシーをはじめヨーロッパ屈指の温泉地として知られる。古くからある巡礼路でもあり、一一世紀から一二世紀に建てられたロマネスク様式の教会建築が点在している。パリに出るまでのシャネルは、この地方で幼年期と少女期を過ごした。

母たちの家に、まるで荷物のように、あたしを置き去りにすると、アメリカへと旅立ち、それっきり、帰ってはきませんでした」（『獅子座の女　シャネル』ポール・モラン／秦　早穂子訳／文化出版局）

自分の人生を語るにあたって、「ひとりぼっち」から。ほんとうにすさまじい感じがします。

「太陽と雪に輝やく今日も、ただひとり。夫も、子も、孫もなく、さりとて夢もない。世間がかくあるべきと希望する、こうした影のひとかけらすらなくて、ひとり働き、ひとり生きつづけてゆくのでしょう」（同書）

幸福なんか求めていないというところが、すごいところです。**幸か不幸かなんて次元はもう超えてしまってる**。自分というものの孤独を抱きしめて生きていくというか、孤独を自分の中に抱え込んで生きていくというか。シャネルの人生は、「ひとりぼっち」という絶対的な孤独を経験するところから始まるのです。

絶対的な美の色、黒と白

不器用なまでの一貫性

シャネルは、感受性豊かな少女期を修道院の孤児院で過ごし、その美意識に決定的な影響を受けました。シャネルが新しい女性像をクリエイトしようとしたときに現れるのが、その美的センスでした。「これだ」と思ってつかんだセンスを生涯、絶対に手放しません。そのことが、「シャネル」というブランドを生み出しました。**思想とかブランドといったものには、不器用なまでの一貫性というものが必要**です。

あまりに器用なセンスでやってしまうと、やがてそのブランドが何だったのか、わからなくなってしまう。シャネルらしい色、形といったものは、たとえば三年ごとぐらいの流行に照らし合わせてみれば、それが時代の流行に合わなかったこともあったと思います。しかしそれでいちいち揺らいでいると、ブランド[*3]としての生命力が弱々しくなります。

時代に即応していくところも持ちながら、**基本となる形、色づかい、コンセプト**＊4というものが何なのかということを、**創業者としてきちっとデザイン**し、次の世代に引き継ぎました。ブランドの名前だけが同じで、何となくいつもいいものをつくっているというのではありません。

色に関していえば、修道院での切りつめられた生活の経験からシャネルは、基本的な色として黒と白を選びとりました。いろんな色を使うのではなく、黒と白に徹底していこうというわけです。シャネル自身は黒と白を、「絶対的な美の色」と呼んでいます。

いつもマーケティング調査をして、今の市場の意識を統計的に数値化して、来年にはこれが流行るらしいからそれに合わせていこうという人と、色は「**もう何でも黒と白！**」というシャネルみたいな人とはまったく正反対のタイ

シャネルの思想を象徴する黒のドレス。初出はパリ「ヴォーグ」誌1926年11月号。（ジャン・レマリー著『ＣＨＡＮＥＬ』三宅真理訳／美術出版社より）

＊3　ブランド
名称やシンボルマークだけでなく、特定の商品やサービスを消費者に想起させる周辺的なイメージを含めて、「ブランド」と呼ばれる。狭義には、ファッションの分野で、高級品としてのイメージの付いたメーカーや商品群を指して、「ブランド物」と言うことがある。

＊4　コンセプト
「商品のコンセプト」とは、デザイナーやメーカーがその商品に込めた意図・意匠・目的・思いなどのこと。その商品が消費される社会の時代性や社会的価値観などによって、強化されることがあり、また、デザイナーやメーカーのコンセプトとは別に、新しいコンセプトが消費者によって付されていくこともある。

プの人間だといえます。シャネルは、マーケティングといったレベルでは生きていませんでした。

パリという、時代の最先端の、世界のど真ん中で、ピカソ*5やコクトー*6といった一流のアーティストたちと自然につき合っていたから、いわゆるマーケティングや市場調査は必要なかったともいえます。**常に自分の価値観、美意識を押し通した。**その強い意志の核心には、「こういうものをつくりたい」「こういうものを自分は美しいと思ってしまうんだ」というパッションがありました。

思考力

「こてこて」から、「すっきり・しゃっきり」へ
「理想の女性像」をつくりかえる

シャネルはブランドをつくりあげていく中で、「女がこれから目指すべき美しさ」のデザインに特化しました。知性、セクシャリティ、エレガ

*5 ピカソ
二〇世紀の美術にもっとも大きな影響を与えた芸術家の一人。シャネルと親交のあった頃のピカソはパリで、コクトーらとともに、ディアギレフのバレエの制作に協力していた。

*6 コクトー
劇作家などとして活躍したコクトーとシャネルは、芝居やバレエでしばしば一緒に仕事をしていた。シャネルはコクトーを、私生活においてもサポートしている。

ンスを身につけたビジネス・ウーマン、あるいはワーキング・ガールといった二〇世紀にふさわしい新しい女性像を、ファッションの領域で示すことにはじめて成功しました。「私の思う女性の美しさ」を発信していくことで、逆に**世の中全体を教育**してしまったのです。

一九世紀的に見ると、シャネルは美人ではありませんでした。たとえば一九世紀の西洋の女性たちが舞踏会などで着ていたのは、ウエストをコルセット[*7]でめちゃくちゃに締め上げて、ひらひら、ふりふりの布をいっぱいつけて、胸にいろんな物を詰め込んで、寄せて上げて……という、こてこてのセックスアピールをした服でした。

でも、シャネルが示したのは、その正反対の、すっきり、しゃっきり。そのままその服で働きにも行けるけど、でもエレガント。この「でもエレガント」というのがないと、それは作業着になっちゃいますからね。

エレガントな色づかい、あるいは動きやすいデザインを提示したというのは、男性から女性へのセクシュアルな欲望のまなざしだけを意識していたのではなかったということです。一九世紀までの「美しい女性像」

*7 コルセット
胸部よりウエストにかけてのラインを補正するための女性用下着。ウエストを締め上げて、バストとヒップの豊かさを強調した。二〇世紀に入り、女性が社会進出をするようになって、衰退していった。シャネルも、女性のコルセットからの解放に、一役買っている。

は、男性からの視線に基づいてつくられていました。でもシャネルは、新しい「理想の女性像」を、自分のような女性をモデルにしてつくりかえてしまった。**美しさの基準自体を変えてしまったんです。**

体つきでいえば、豊満な肉体を持っているっていうんではなく、しゃっきり、すっきりしていて、胸は大きすぎない。顔つきには、知性とセンスの良さが現れていて、〝個性（パーソナリティ）〟を持った人特有の張りのある表情をしている。動きは、まったりしているんじゃなくて、しゃきしゃき仕事を片づけてしまうような動き。**新しい美しい女性像をつくろうというシャネルのパッションが、現代日本にも生きています。**

シャネルの支持した女性イメージが現在でも、女性の世界的な美の基準になっていて、現代日本における美人像というのも、シャネルによってクリエイトされていると言えます。シャネルはその後何十年と続く、現代の私たちが当たり前の感覚に思うものを、はじめて提示することに成功しました。シャネルの提示したコンセプトがそのブランドの中に息づいていて、なお世界最強のブランドとして生き残っているんです。

第2章

齋藤孝が読み解く！

シャネルの秘密

0歳
1883
ガブリエル・シャネル誕生。
8月19日、行商人の娘として、フランス・ソーミュールの救済病院で生まれる。

12歳
1895
孤児院に預けられる。
母が病死し、父に捨てられる。オバジーヌの孤児院に預けられる。

「家なし子、愛もなく、父も母もいない、それが、あたしの子供時代だった。みじめではあったが、それがよかったとさえいまは思う」

（『獅子座の女　シャネル』ポール・モラン／秦　早穂子訳／文化出版局）

17歳
1900
修道院寄宿学校に入る。
オバジーヌの修道院寄宿学校に入る。

20歳
1903
ムーランの衣料店でお針子として働く。
騎兵隊将校エチエンヌ・バルサンと同棲。

25歳
1908
イギリス人資産家アーサー・カペル（ボーイ・カペル）と知り合う。

シャネルとその時代

1889 パリのエッフェル塔が完成
1894 日清戦争
1904 日露戦争
1905 リヒャルト・シュトラウスがオペラ「サロメ」をドレスデンで初演

27歳

1910

パリに帽子屋を開店。

カペルとともにパリに移り住み、彼の支援でカンボン通りに開いた帽子屋「シャネル・モード」が大成功。

「あたしの主人はあたしで、もう、誰も必要とせず頼ってもいなかった。ボイ・カペルにはこのことがよくわかっていた。『おもちゃを与えたつもりだったのに、自由をきみにあげてしまったのだね』」

（『獅子座の女　シャネル』）

31歳

1914

女性のための実用的な服を生み出す。

ドーヴィルに疎開してきた女たちの日常着を、馬調教師の着るセーター布地に用いられていたジャージーを用いてつくる。

30歳

1913

保養地ドーヴィルにドレスを扱うブティックを開く。「マリンルック」生まれる。

32歳

1915

バスクの港町ビアリッツに、独自のコレクションを持つ店を開く。

1914

サラエボ事件
第一次世界大戦が始まる

1915

アインシュタインが一般相対性理論を完成

34歳

1917

芸術家たちのパトロンとして君臨。

ミシアら芸術家サークルとの交際が本格化。ディアギレフのバレエ公演「パラード」を見て感銘を受ける。コクトーの脚本、サティの音楽、ピカソの舞台装置と衣装。

38歳

1921

香水「シャネルNo.5」を発売。

「簡素な壜が『五番』を広める。シャネルにとって嗅覚は、本能のまま残っている唯一の感覚である。それは郷愁と無意識に訴える」(『ココ・シャネル』クロード・ドレ／上田美樹訳／サンリオ)

41歳

1924

イミテーションの宝石を使った装飾具工房を設ける。イギリスのウェストミンスター公と交際。1930年まで続く。

黒のドレスを発表。

53歳

1936

ストがシャネルの店にも波及する。

1917 ロシア革命

1920 ドイツにナチスができる

1922 ムッソリーニがイタリアのファシスト政権を樹立

1929 世界経済恐慌

1933 ドイツにヒトラー内閣が成立

56歳
1939

戦争の影響で、香水とアクセサリー部門を残して、店を閉じる。ドイツ人外交官と恋に落ち、「対独協力者」の嫌疑をかけられることになる。

62歳
1945

スイスで亡命生活に入る。

71歳
1954

奇跡のカムバック。

カムバック後はじめてのコレクションがパリでは不評だったが、アメリカで高い支持を受ける。

87歳
1971

シャネル生涯を閉じる。

日頃住居にしていたホテル・リッツの一室で生涯を閉じる。

「もしあたしがいつか死ぬなら、それは退屈以外の何ものにもよらない、まちがいないわ」（『ココ・シャネル』）

1939 第二次世界大戦が始まる

1945 ドイツが無条件降伏

1963 アメリカ大統領ケネディが暗殺される

1969 アメリカのアポロ11号が月面着陸

Point 1
時代を味方にして

自分に合わせてファッション界を革命

時代がシャネルを待っていた

ファッションは移り変わっていくものです。**つねに自分の感覚をオープンにして、アンテナをたくさん立てて、時代の先を読んでいかなければ、**デザインはできません。

ただ、五〇年、一〇〇年という長い見通しでやると、時代に合わなくなってしまいます。つねに時代の五年先を読むような感覚が必要なのです。

シャネルが生まれたのは一九世紀末です。一九世紀末から二〇世紀に変わる時代は、世紀が単純に進むというだけではなく、社会構造が急速に変わっていった過渡期《かとき》です。

二〇世紀から二一世紀に変わるときには、**世紀末幻想**[*1]はほとんどありませんでした。あまり不安も感動もなく、よくいえばスムーズに二一世紀に移りました。しかし、一九世紀から二〇世紀に移るときには、人々は世紀が終わることに非常に敏感になっていて、人々の心には、大きな不安が広がっていたのです。

その分、二〇世紀を迎えたときには、まったく違う新しい世界が開けそうだという希望・願望が大きくなっていました。

そして、一九世紀から第二次世界大戦の頃までのパリは、世界の文化・芸術の中心地でした。

パリの街は、日本の都市などに比べると、人間関係がかなり緊密《きんみつ》な空間でした。

パリという街自体がセンスを磨《みが》く学校のようなものだったのです。

そこでは芸術家たちが、肌をすり合わせているような、ある種セクシュアルな一体感と熱気があります。まさにパリの街全体が一つのサロン[*2]のようなものでした。

＊1　**世紀末幻想**
ヨーロッパでは世紀末に大きな戦争や災害が起こり、世界が滅ぶという思想が広まっていた。

＊2　**サロン**
主に上流階級の女性が主宰した交流会。

シャネルはフランスの田舎《いなか》から、その世界の中心地・パリに出てきて、人生の基盤をパリに置きます。[*3] 彼女は、**自分自身が最もさまざまなものを吸収できる、学べる場所に身を置いた**のです。

そしてシャネルはその「花の都」のさらに中心である、サロンで多くの貴族、実業家、芸術家たちと出会います。そして、それぞれの文化を吸収していくのです。

一見華やかな社交界で、ただ流されることなく大きな学びを得ることができたのは、シャネルが自分自身でも何かをつかもうとしていたからです。

シャネルは、パリという街が持っているパワーをフルに活用しています。さらに、そこに**地方出身者であるということを、コンプレックスとしてではなく、むしろ、優位性として持ち込む**のです。

シャネルは、それまでの田舎での生活で身につけていた、清潔さ、動きやすさ、着心地の良さ、機能性といったものを、ファッションの世界へ持ち込みます。それが、まさに時代が求めていたものと合致するので

---

*3 シャネルは、一八歳で社会へ出た。まず地方で洋品店のお針子となり、やがて歌手となる。その後、愛人の援助で帽子店を開き、パリへ進出し独立する。

す。

シャネルは、地方出身、孤児院育ち[*4]という自分のアイデンティティをフル活用して、**パリに対して自分は異物《いぶつ》になります。**

自分が変わるのではなく、パリの街のパワーを吸収しながら、そこで

パリで異物としてファイトを燃やす若き野心家シャネル

自分のそれまで獲得してきたものを強烈に押し出し、スタイルとして提示して、**パリの人たちのモードを変えて**いきます。

シャネルは、時代の大きなエネルギーの中で、次のモードを要求しているという感覚を身体で感じていました。**二〇世**

＊4　**孤児院育ち**　シャネルは父に捨てられる形で一二歳で修道院が経営する孤児院に入る。その後、修道院の寄宿学校で一八歳まで過ごした。

紀というアクティブな、スピード感のある時代には、「シンプルなエレガントさ」が価値を持つと確信していたのです。

「ひとつのモードが終りを告げ、もうひとつのモードが生まれ出ようとしていて、その時代に、私はいた。チャンスが到来し、あたしがつかんだというわけだ。**新しい世紀の児《こ》であるあたしに、服装上の表現がまかされたのだ**」（『シャネル 20世紀のスタイル』秦 早穂子／文化出版局）

シャネルが**「時代があたしを待っていたの。**あたしはこの世に生まれさえすればよかった。時代は準備完了していたのよ」（『ココ・シャネル』）と言うように、シャネルは時代に合致していたのです。

二〇世紀の最初にシャネルが感じ取って変えたファッションの流れが、現代女性のファッションのベースになっています。つまり、**「自由で活発な女性のためのシンプルなエレガント」**です。

今でも「シャネル」がブランドとして絶大な支持を得ているように、本質的な構造変化はしていません。それほどのモードの転換をシャネルは成し遂げたのです。

新しい時代のスタイルを提供

古い因習《いんしゅう》でがんじがらめにされていた女性が解放されていく時代の変わり目に、時代の求めるものと自分のスタイルをうまく絡《から》み合わせた、そこにシャネルの影響力がいまだに続いている秘密があります。

シャネル以後のファッションは、たとえば日本人が着物の時代から洋服の時代に移り変わったぐらい大きく変化しました。シャネル以前の時代は、飾りの多い、いかにも「男性から見て望まれる女性像」に合わせてファッションはつくりだされてきました。

それは男性の保護のもとで生きる、裕福な女性のためのものでした。しかし、時代は変化し、女性の社会進出が始まっていました。**受動的な女性から、アクティブな女性の時代**になりつつあったのです。

このような構造的に大きな変化をする時期に、シャネルは居合わせたのです。居合わせたとしても、その時代の感覚を吸収して、はっきりとした形にできなければ意味はありません。シャネルは、いわば**センスを**

*5 二〇世紀初頭のフランスでは女性はまだ「男性の持ち物」という観念が支配的だった。やがて女性の自立への動きが進み、一九四五年になって女性参政権が認められる。

形に変える回路を持っていたのです。

具体的には、一九世紀的なごてごてした、装飾過多《そうしょくかた》なファッションから、いろいろなものを**削り取ってシンプルにした**というところに、シャネルのファッション史における大きな功績があります。しかも、シンプルであっても貧しい感じではない、エレガンスを感じさせるファッションです。

シャネルは、飾りが多く、女性らしい体型を強調するために身体を不自然に押さえつけるような服装から、女性を解放していったのです。

「**あたしは新しい時代のために仕事をしてきたの。**それまで、ひとは、用のない暇《ひま》な女、侍女に靴下《くつした》をはかせてもらうような女たちのために服を作っていたわ。**あたしは活動的な女を客にしてきた。**彼女たちには、着心地のいい服が必要なのよ。袖《そで》をまくりあげることができなくちゃだめよ」(『ココ・シャネル』)

最初、シャネルは帽子のデザイナー＊6から出発しましたが、服のデザイナーとして成功したきっかけは、ジャージーを使ったものです。

＊6
最初は既製の帽子を改造することからスタートし、やがてオリジナルの帽子をつくるようになり、それが評判を呼ぶ。

女性を解放したシャネル・ファッション

馬の調教師の服装からヒントを得た、それまでは下着の素材であったジャージーを使った活動的なスカートとジャケット、パンツルック、マリン・ルックなどです。

ジャージーとは、もともとは漁師が着ていた、体にぴったりとした青のセーターのことです。それが一本糸の編み機で編まれる目の詰まった網状ニットの布を指すようになりました。

見た目が質素で裁断《さいだん》・縫製《ほうせい》が容易でないので、それまでの用途は主に下着や靴下などに限られていました。しかし、シャネルは戦争（第一次世界大戦）を経て、女性たちがシンプルで着やすい服を求めていたことに着目して、ジャージーを利用しました。

「シャネルはのちにこう回想している。『**ジャージーを取り入れることによって、私は女性の体を解放しました。**ウエストラインをすっぱり取り去り（私がそれを復活させたのはようやく一九三〇年になってからです）、まったく新しいシルエットを生み出したのです。（中略）そして、時代遅れのクチュリエ[*7]たちに対する反逆として、**スカート丈も思い切**

*7 クチュリエ
もとは裁縫（さいほう）師の意味。ファッションのつくり手の男性。女性はクチュリエールと呼ばれた。

って短くしてしまいました。』シャネルの余分なカーヴや装飾をいっさい取り去ったジャージーの〝ヴァリューズ（フロックコート）〟やウエストのない短いスカートに出会って、女性たちはそれまでより自由に動けるようになっただけでなく、ちょうどガブリエル・シャネルその人のようなすらりとした、洗練したシルエットと若々しさを実現できるようになった。こうして、あっけにとられた顔で振り返る通行人を尻目《しりめ》に、**女性たちはファッシンの歴史上はじめて、くるぶしを出して通りを闊歩《かっぽ》するようになった**のである」*8（『CHANEL』ジャン・レマリー／三宅真理訳／美術出版社）

着心地のいい、活動しやすいファッションを、シャネルがつくり出したのは、シャネル自身が服のデザイナーとして働く必要があり、自分のような働く女性に必要な服を追い求めていった結果だったのです。

ファッションから気に入らないものを追い出す

シャネルは時代の流れを敏感に感じて、素材選びだけでなく、色も選

*8
一九世紀末のドレスは裾が地面にまで届くようなファッションだった。

んでいます。基本的には付け加えていく方向ではなくて、**色を取り去っていく**方向です。

女性はできるだけ豊富な色を身につけようとする傾向がありました。それだけに色を取り去ることはなかなか思いつきません。しかし、シャネルは**黒と白を基調にしてシンプルな色づかい**[*9]を徹底します。男性に対して、こう見せなければいけない、ああ見せなければいけないという意識ではなく、女性が自由に生きられる時代に変わっていったときの色です。

「『女はありったけの色を身につけようとするけれど、色を取り去ることは思いつかないものなの』とシャネルは言う。『前にも言ったことだけど、**黒はすべての色を含んでいるの。白もそう。黒と白の美しさは絶対なのです。**この二つの色は完璧に調和するの。舞踏会《ぶとうかい》で黒と白を着ている人を見てごらんなさい。きっと全員の目がその人に吸い寄せられているはずよ』」（『CHANEL』）

黒と白とは、シャネルが育った、修道院の制服の色を連想させます。

＊9
シャネルを特徴づける色として、黒、白のほかにベージュがある。とくに黒を使った「リトル・ブラックドレス」は現在も「シャネル」の定番商品。シャネル自身の髪や目は印象的な黒だった。

彼女はムダをはぎとった、規律正しさや、勤労に励《はげ》む修道院の色を、ファッションへ取り込んだのです。

シャネルは、自分というものを徹底的に表現していきました。生まれ持った素質というもののほかに、生い立ちの中で獲得してきたものを、時代に対して押し出していったのです。そしてシャネルは、**自分のセンスを時代のセンスにしてしまいます**。

これは決して偶然にできたことではありません。シャネルの知性、感性が、時代の動き*10というものを明確にとらえていたからこそ、できたことなのです。

シャネルは、これまでの女性像やファッションを「壊す」という意識を持っていました。これは一九〇〇年代初期としては非常に新しい意識です。

今でこそ、前の時代のものを壊すということは、いいことのように言われますが、当時の風潮では、前の時代のものを改良・改善するということはあっても、「壊す」というところまでは多くの場合いきませんでし

*10 一八世紀にイギリスで起こった産業革命によって、工業社会が発達。一九世紀にかけてヨーロッパでは市民社会が発達してきていた。

た。

しかも当時のモードの先端は社交界です。シャネルのようにもともと社交界での地位などない人間が、社交界のありかたを壊すような行動を起こしても、普通は受け入れられません。

それでもシャネルが受け入れられたのは、シャネルの生き方のスタイルが、二〇世紀はじめの時代にマッチしていたからです。彼女の行動が時代を逆に引き寄せたといってもいいでしょう。シャネル自身は、こんなふうに語っています。

「私はなぜこの職業を選んだのでしょう。そしてなぜこんな革命的な役割を果たすようになったのでしょう。それは、自分の気に入るものを創りたかったからではないのです。**私が何より望んできたのは、ファッションから私の気に入らないものを追い出してしまうこと**でした。（中略）私はファッションが必要としていたこの清掃作業のために、運命の女神がつかわした道具だったのです」（『CHANEL』）

「運命の女神がつかわした道具」という表現に、シャネルの自信と矜持《きょうじ》がはっきり示されています。

また、ビジネスの領域で女性がしっかりと足場を持ってやろうという
ことも、非常に新しいことでした。

シャネルは、**自分はあくまでも職人であり、仕事はつねにビジネスである、**という観点をしっかりと持っていました。そういう自覚を失うと、何もかもがむちゃくちゃになってしまうとも言っています。

「クーチュール[*11]は技術であり、仕事であり、そして商売だということを、もう一度ここでくり返したい。クーチュールにと

働く女性の時代を先駆けたシャネル

＊11　クーチュール
裁縫、裁縫店、服屋のこと

って、芸術がなんたるかを知ることがあったとしたらば、それで、充分すぎることなのだ」（『獅子座の女　シャネル』）

シャネルは、働く女性の先駆けとして、自分はビジネスをしているのだという自分の立ち位置をしっかりとつかんでいたのです。

美の基準を変えてしまう

シャネルのつくるものには、その特徴として、シャネル自身の個性が大きく影響しています。たとえば、シャネルは女性のスポーツウエアをはじめてつくっていますが、これも彼女自身がスポーツを好んでいたからです。*12 もちろん当時はスポーツする女性はあまり受け入れられていなかったのですが。

「**スポーツ服を、あたしは自分のためにつくった**。他の女たちがスポーツをするからではなくて、あたし自身がスポーツをしたからである。

夜の社交界に出なかったのは、そのあいだ、モードをつくる必要があったからで、そのモードをつくり上げて、あたしは夜、外出するように

*12 シャネルは当時、ゴルフに熱中していた。

なった。いや、夜、出て歩くようになったからこそ、それ用のモードをつくったのだ。あたしは、あの時代の花形として身をもって生きていたからだ」（『獅子座の女　シャネル』）

シャネルは、非常に豊満で、男性にセクシュアルな欲望を起こさせるような、セックスシンボルのような体ではありません。痩《や》せていて、胸が薄く、当時女性らしい体型と考えられていた、いわゆる**グラマラスな体型とは正反対**でした。

突出した美人というわけではありませんが、シャープで、ちょっと厳しい表情がとても魅力的です。

自分自身が持って生まれた遺伝的形質、プラス修道院の孤児院で育ったという過去もあり、ある種の厳しさ、意志の強さが現れています。

男にうまく甘えて相手の気持ちをつかむというのではなく、自立した、すっきり、しゃっきりした女性です。知性があって、センスがよくて、大人の女でスッキリ感がある人というと、女性が仕事をするのが当たり前になった今日の日本でも、なかなか見当たらないのではないでしょうか。

シャネルの写真を見ても、二〇世紀のはじめの美人というより、現代における美人だと思います。現代の日本ならとても人気が出るでしょう。

そんなシャネル自身が、自分自身が着やすい、自分自身に似合う服をつくっていくことで、新たな女性像を提示し得たのです。[*13] そしてこの流れは現代の女性像に大きな影響を与えています。

それまでは男性の目から見た「いい女性」という形で、女性像がつくられてきました。シャネルはそこに、**女性が素敵だと思うような女性像を提示した**のです。知性、セクシュアリティ、エレガンスを含み込んだ女性の姿です。

シャネルは女性の美しさについて、こんなふうに言っています。

「**真の美しさは永続する。しかし、きれいということはうつろいやすい。ところが、どの女も、きれいになりたがっても、本当に美しくなろうとはしないものだ。**

（中略）真の秘密は、**肉体の美しさを精神の美しさにうつしかえてゆくこと。これこそが唯一のりこえてゆく方法**で、ほとんどの女たちに

---

*13 シャネルは「服が美しく見えるためには、それを着ている女性がその下に何も身につけていないような印象をあたえなくてはいけない」（『ココ・シャネル』）と言っている。

欠けていることだ。（中略）

女は体を美しくする方法については話すことがあっても、精神の上の美しさについては全く忘れてしまう。美容とはまず心の美しさから始めなければ、化粧品なんて、なんの役にもたたぬものだ。

「目指すべき女性の美」をはっきり捉えた

ちゃんとした精神のあり方、魅力的な押し出しのよさ、趣味、直感、人生へのあり方、内在的感覚、こういうものはみな、自分の体験によって学ぶことなのだ。それは質の問題であり、教育でかえることはできない」（『獅子座の女　シャネル』）

シャネルは、「私の在り方が美人なんだ」と言いたいのです。世の中を、「私のような美しさを認めるように教育しよう」と思っていたとすると、それはすごいことです。

美人というのは、単に男が好むような顔や豊満な肉体を持っているということではなく、「真の秘密は、肉体の美しさを精神の美しさにうつしかえてゆくこと」というわけです。

見た目の美しさではなく、趣味、直感、人生のあり方、内在的感覚など体験から学ばなくてはいけないというのです。そして、それは人に教えてもらうのではなく、その人の質の問題だというのですから、厳しいですね。

しかも、こんなふうに女性を批判もしています。

「一〇〇万の女のなかで、利口なおんなはたった五人だろう。誰がこんなことを、女にむかって言えるだろう。あたしだからこそ言える台詞である」（『獅子座の女　シャネル』）

すごい言葉です。男性がこんなことを言ったら、どんな男性でも女性たちから総攻撃を受けるでしょう。シャネル自身が知性とセンスを備えた、自立した個人、利口な女だから言えるというわけですね。

しかも、きっぱり、しゃきしゃき仕事をするのです。時間が来たら、恋愛中の男性にも、「これから私は仕事だから帰ってね」と言えるようなタイプです。

美しさの基準自体を変えてやるという気概《きがい》を持っていたからこそ、ファッション界でこれだけいろんな形の革命的なもの*14を出すことができたのです。

学べるポイント

① **自分の感性が磨かれる場所に身を置く**

② **自分の感性と時代が求めているものを形にする**

③ **本当の美しさは自分自身で学ぶ**

*14 シャネルはマリン・ルック、シャネル・スーツのほかにも、両手が自由に使えるショルダーバッグや、ビンやネーミングから装飾をはぎ取った香水「シャネルの五番」などを生み出している。

Point 2 自立した強靭な魂

孤独すら活用して伸びる力

ロマンとヴィジョンを両立させる

今もモードの流れはシャネルがつくったものが基盤《きばん》になっています。それは、シャネルの、新しい美しい女性像をつくろうというパッションがいかに強く、さらにそれをビジネスとしてきちんと成り立たせることができたかを示しています。*15

ビジネスをするには、あるファッションを製品化するとして、どれくらい生産して、どのくらいの価格にして、どのくらい売れるかという計算をしっかりとしなければなりません。マーケットというものを意識して、その中で買ってもらうことを前提にして、モノをつくる作業がビジネスの基本です。

芸術、たとえば絵であれば、一人でもパトロンに買ってもらうことで

*15 香水「シャネルの五番」の成功は「シャネル」の経営基盤を強いものにした。

も成り立ちます。しかし、仕事となれば、大衆の志向を先取りしてとらえて、そちらに引っ張り込んでいくようなマーケティングの技術がやはり必要です。

そういう意味ではシャネルは**大変なリアリスト**[*16]でした。その発言は、夢見がちなところや朦朧《もうろう》としたところが一切ありません。

さまざまな判断において、とくに自分自身のことに関して、非常に客観的な判断を下します。「自分が思いついたものだから絶対」というふうなところはありません。創業者に多いのですが、そういう妄信にかられるとビジネスは失敗します。

マーケットの意志、つまり大衆の意志がどう判断するのかという客観的な視点からいつもチェックしています。

リアルであるという現実感覚があるということと、目指すべきある種のヴィジョンというものをしっかり持っていて、そこにロマンを感じているというのは両立できることです。逆にロマンがなければ、ほんとうに仕事に打ち込むことはなかなか難しいでしょう。

＊16 シャネルは自らの店の人にこう言っていた。「あたしたちは芸術を作るんじゃなくて、商品を作るのよ。誠実さ、それは商売の心よ。すべては生きていて、魂をもち、釣合いをもっている。汚いものからは贅沢を生み出すことはできないわ。（『ココ・シャネル』）」

シャネルは、ヴィジョンに関しては揺らぎがありません。現実、つまり今の世界が必ずしも全部そうなっていなくても、**やがて世界は私のヴィジョンについてくる、**という信念を持っています。

そこにはすごい野心がありました。その野心ゆえに彼女はつねにすごくきっぱりしています。自分のビジネスのために、人に嫌われたり、何かを犠牲にすることがあっても、仕方ないという割り切りがあります。

「あたしは、ヒロインではありません。でも、**あたしはこうなりたいと思い、その道を選び、そして、この思いを遂げました。**そのために人にきらわれたり、いやな女だったとしても、これはしかたのないことです」（『獅子座の女　シャネル』）

貧しく、しかし野望がある女性が、現実の世界とたった一人で闘おうとしたとき、どれほどの覚悟が必要だったのか。その覚悟の大きさが、シャネルの成功の大きさだったのです。

反逆の魔王

シャネルは自分の少女時代を振り返って、こう語っています。

「そう、あたしは、いつも、とっても、傲慢《ごうまん》だった。頭を下げたり、ペコペコしたり、卑下したり、自分の考えを押しまげたり、命令に従うのは、大きらいだった。とにかく、ひとに、頭を下げるのは、真っ平だった。

反逆の魂を持ち続けたシャネル

昔と変わりなく、いまでも、この傲慢さは、仕事、しぐさ、声の調子、視線、表情——あたしの人となりのすべてに、はっきりとあらわれている。(中略)

あたしは反抗児だった。反抗的な恋をする女だったし、反抗的クーチュリエであった。本物の反逆の魔王である」（『獅子座の女　シャネル』）

すごいですね、**「反逆の魔王」**ですから。その傲慢さがシャネルの性格の鍵《かぎ》となっています。それが独立心を育て、仕事に邁進《まいしん》させた一つのエネルギー源でもあるのです。

シャネルには、**自分の傲慢さをポジティブに生かしていく技**があります。人や社会に従うということができず、つねに反逆していくのです。

「きびしい教育は、あたしの性格を形づくるのに役だった。傲慢さは、あたしの性格のすべての鍵となったかわりに、独立心となり、または、非社交性ともなった。それは同時に、あたしの力や、成功の秘密にもなっていったのである。アドリアーネの糸[＊17]のように、**いつも困難から抜け出す力を養ってくれた**」（『獅子座の女　シャネル』）

シャネルにとって、お金というのは、自由を手に入れるためにどうしても必要なものだと言います。

「傲慢な人間のいちばんうれしいことは、自由ということだ。ただ、

＊17　アドリアーネの糸　ギリシア神話。ミノタウロスという怪物が住む迷宮に、生け贄として送り込まれたテセウスは、アドリアーネという少女から糸玉をもらい、その糸を入り口に結んで迷宮に迷わないようにした。

自由でいるには、お金がかかる。この牢獄の門を開くには、お金でしかないとあたしは考えていた。服を注文するカタログをながめては、お金を湯水のように使う夢にひたっていた。真っ白な服、白い部屋、そして白いカーテン。白い色ばかりが夢にうかぶのは、あまりにうす暗い家に閉じ込められていたせいだろう」(『獅子座の女　シャネル』)

シャネルが育ったのは、修道院の経営する孤児院でした。この孤児院での暮らしは、シャネルの中に、清潔さ、規則正しさ、勤労への習慣といったものを根づかせます。このことはシャネルの仕事の仕方において非常に有利な面を培います。仕事に対する尋常ともいえないほどの集中、ファッション・センスの土台、働く女性への理解などです。*18

そして、孤独の活用です。シャネルは、そういう環境で自分の中に培われた孤独感というものを一生涯、抱えていました。

孤独の活用

幼少期から孤独であるということは、必然的に自分に向かう時間を長

---

*18 もちろん修道院で学んだ裁縫の技術も大いに仕事に役立った。とくに鋏づかいが得意だった。

く持つことになります。

たとえば、孤児院の中では、鏡の中の自分を見つめる時間がありました。それは自分を見つめ直し、自身を客観視する時間だったのです。

彼女は生涯にわたって、一日のうちでそういう一人の時間を必ず持っていました。シャネルは自らの部屋に鏡をたくさん置いていたのです。

「鏡のきびしさは、あたしのきびしさを反射し返してくる。ぎりぎりするような、鏡とあたしの闘いの一瞬だ。**鏡はあたしという人柄を説明してくれる。**正確で、能力があり、楽天家で、激しく、現実家で、闘士で、ひょうきんで、疑ぐりぶかい、ひとりのフランスおんな。そして最後にきらきら光る目。その目は我が心の扉でもある。そのとき、あたしはひとりの女を発見する。ひとりのあわれな女を――」（『獅子座の女　シャネル』）

ここからは、自分を客観視する厳しさがひしひしと伝わってきます。

もう一つ、シャネルにとって自分と向き合う時間がありました。それは本を読むことです。シャネルは、本の世界で知性を磨きつつ、自分自

自分と対話する時間を大切にする

身に向き合う静かな時間を非常に大切にしていました。

「本はずいぶん買った。あたしの**最上の友は本である**。ラジオが嘘つき箱とすれば、本は宝物だ。どんなくだらない悪い本でも、なにかはある。真実はある。三文小説にだって、生きてきた人間の多少の歴史はあるだろう。

インテリや、教養のある人たちにも出会ったが、あたしが、案外物知りなのに驚いていた。それがみんな小説から得た人生経験と知ったら、もっとびっくりしたかもしれない。**もし、あたしに娘がいたらば、こういう本をあげて、人生のなんたるかを教えたい**ものだった。そこには大いなる掟もあれば、人間の不可思議さも発見できる」（『獅子座の女　シャネル』）

現実を的確に把握《はあく》する上において、本というのはとてもよい予習になります。本をたくさん読んでいれば、予習してある分、現実の生活では余裕ができ、現実が理解しやすくなります。

シャネルが多くの天才たちと交流するとき、ひけめを感じることなく、堂々とできたのもそのせいです。どんなに破天荒《はてんこう》な人間でも、多くは本の中の登場人物でシミュレーションできるわけですから。

シャネルは鏡によって、自分からも余計なものをはぎ取って、あるがままの自分を見つめ、本によって現実世界への対処法を学んでいったのです。

「幸福」なんていう日常的な毒薬はいらない

シャネルは生涯独身を通しています。シャネルは、男性との関係においても一つの関係に固定してしまい、家庭を持つことはありませんでした。

一見自由ですが、そこには女性としてのある諦《あきら》めもあったでしょう。

当時の常識からすると――現在でもそうかもしれませんが、愛する人と結婚して、子供を何人も産んで、家庭の中で幸せで、しかも仕事をする。そのほうがトータルには理想に近いと思われています。

しかしその道をあえて選ばずに、ある諦めが生む緊張感を持って、相手に飲み込まれないように、適度な距離をとって独立性を保つこと。それはシャネルのすっきりしゃっきりした、生き方に通じています。

「**あたしは、服をつくる道を選んだ。**ほかのことでもよかったのかもしれないが。服をつくりはじめたのは、全くの偶然からであった。服それ自体には、興味はないが、仕事が好きだったのだ。仕事のためには、すべてを犠牲にした。**恋でさえ犠牲にした。仕事はあたしのいのちを、むさぼり食ったのである**」（『獅子座の女　シャネル』）

シャネル自身がこう自分の人生を語っているように、彼女の生活の中心は仕事だったのです。

多くの男性たちとの恋愛やたくさんの交友関係があったにもかかわらず、終生、孤独感を持ち続けていました。

「**六つで、もうひとりぼっちでした。**母は死んだばかり……父は、伯母たちの家に、まるで荷物のように、あたしを置き去りにすると、アメリカへと旅立ち、それっきり、帰ってはきませんでした。

そのときから、孤児ということばが、あたしを恐怖の氷づけにしてしまいました。いまでも、小さな女の子たちのいる孤児院を見に行くのも、『あの子たちは、みなしごなのよ』ということばをきくのも、涙なしには、できない始末です」（『獅子座の女　シャネル』）

「六つで……」というところは、シャネルがつくった物語です。[*19] 実際は、彼女が一一歳の頃、母親が亡くなり、姉と一緒に孤児院に預けられます。孤児という言葉が、シャネルにとって、どのような響きを与えるものだったか、後半の言葉は、まさにシャネルの真情を表しています。

「孤独はおそろしいのに、完全な孤独のなか

孤独を人生の糧にして生きる

*19 シャネルは生前、親しい人にも自分の幼少期や若い頃のことを正確に語りたがらなかった。

に生きているあたし。ひとりでいないためには、どんなに高くついてもよろこんで支払うでしょう。ひとりで晩ご飯を食べるくらいなら、街のお巡りさんをよんできたっていい。（中略）

退屈な人間というのは、中毒にかかったような連中だし、退屈という奴は、おそろしい毒です。善意はうんざり、理性というのも、あたしをぶち殺してしまう……」（『獅子座の女　シャネル』）

やはりシャネルでも孤独を恐れたのです。しかし、安易に人となれ合ったりしないのです。**「善意はうんざり」**というのですから、すごいですね。

「あたしの証《あか》したいのは、ひとりで成長し、生き、そして年老いたこの孤独こそが、あたしの性格をきつくもし、冷酷にもしましたが、丈夫な肉体も、つくり上げてくれたということです。

あたしの人生――ときには、ドラマもありましたが――ひとりのおんなが、みじめさや栄光を味わいながら、不平等に対して闘い、ときには、自分に対しても反逆して生きようとしたり、男、誘惑、さまざまなことからおきる危険を無我夢中で切り抜けたという話なのです。

太陽と雪に輝やく今日《きょうび》も、ただひとり。夫も、子も、孫もなく、さりとて夢もない。世間がかくあるべきと希望する、こうした影のひとかけらすらなくて、ひとり働き、ひとり生きつづけてゆくのでしょう」（『獅子座の女　シャネル』）

結婚して家族を持つような平凡な幸福な生活などというものを求めず、「孤独こそが……」と言い切れる強さ。幸か不幸かなどという次元を超えています。これは、自分というものの孤独を抱え込んで生きていくという決意です。

シャネルにとっては、孤独こそが、自分の人生を形づくってくれた大事な要素だったのです。

「不成功ということばをあたしは知りませんでした。あたしが手がけたものは、なにもかも成功してしまいました。人々に対しても多少の役だちもしたと思います。これはいい精神状態を保ってきました。それは、小鳥のようにあたしを自由にさせてくれます。（中略）**あたしはきめたん**

です。近頃さかんにいわれ、つくり出された〝幸福〟なんていう日常的な毒薬なんて必要としないで、しあわせであろうと」（『獅子座の女シャネル』）

恐ろしいほどの強い意志です。彼女は孤独によって自分を鍛え、現実と戦い、それを征服し、本当の意味で自立した女性の生き方を私たちに見せてくれたのです。

学べるポイント

① **自分の仕事に対しては現実主義者であれ**

② **自分を客観視する習慣を持つ**

③ **孤独を恐れず、己の糧にする**

Point 3

つき合う人は大いなる教科書

「教育される力」で人生を切り開く

出会いを生かす技

天才は生まれつき資質《ししつ》が優れていると思われがちです。もちろん、それもありますが、**資質よりも学習能力の高さが天才の特徴**です。

学習能力とは、**自分と出会った人やものからどれだけ吸収して、それを新たな形に変えて生かしていけるか**という能力です。新鮮な出会いを呼び込む力と、その出会いを自分の仕事に生かしていくことができる、**変換能力**です。つまり、出会ったすべてのものから学ぶ力です。

たとえば恋愛することによっても、結果として自分が成長することに繋がる人と、必ずしも自分が伸びない、むしろ向学心や仕事のやる気が下がってしまう人がいます。

シャネルは多くの男性と出会い、恋をしています。シャネルの場合は、恋愛によって多くのものを相手から吸収し、仕事に対する意欲、仕事を行うときのセンスなどがどんどん磨かれていくのです。

彼女は、恋の相手と別れたからといって、絶望に打ちひしがれて、仕事が手につかなくなってしまうというタイプの女性ではありません。相手から、多くのものを吸収して別れるのです。

そのためには、**相手とつき合う距離感**を上手にコントロールできなければなりません。

恋愛の場合、相手に飲み込まれる感覚も一つの醍醐味《だいごみ》ですが、それでは自分自身を失ったりして、成長できない可能性があります。シャネルは相手と距離を取るところはきちんと距離を取っています。そうすることで、相手の男性から多くを得られるのです。

一般には、純粋に恋に落ちた状態では、お互いから学ぶという距離感はなくなってしまいます。**一体化するという幻想の中に、二人がまどろんでしまう**という状態になるからです。

そういう恋とは別に、**お互いの個性を維持《いじ》したまま刺激を与え合うような、大人の恋愛**というものがあります。フランス的、パリ的な距離感のある恋愛ともいえるのでしょう。お互いの知性と教養で、お互いを洗練させていくような関係です。

シャネルは、愛されているから経済生活も面倒をみてもらって、自分も愛を返すというような、当時の上流階級の女性にありがちな甘えはまったくありません。

仕事と、人間関係や愛情関係を分けるタイプの人でした。仕事をしてお金の面で自立しているので、あくまでも自分は自由なのです。

シャネルが最も愛したのは、アーサー・カペルという、あだ名がボーイで、ボーイ・カペルと呼ばれていたイギリス人です。彼は三〇歳で実業家として成功しており、シャネルのファッション界への本格的なデビューを助けました。シャネルは彼に、パリに出すお店へ出資をしてもらいます。しかし別れたわけでもないのに、きちんとこの借金を返済するのです。

シャネルには、男性の側の教育欲を誘う、何かしらの魅力がありました。彼女は**非常に自立心が強く、すべてから学ぼうという学習意欲が強かった**からこそ、男性もそれに応えて、いろんなものを教えたいという気持ちが起こるのです。

普通は男性が女性を教育するという場合、『源氏物語』[*20]の光源氏と紫の上の関係のように、女性を男性にとって都合のいいように教育することをいいます。それは、教育というよりも利用に近い形です。

しかし、**ほんとうの教育というのは、自分のためではなく、相手自身が成長していくようにすること**です。

アーサー・カペルは、実業の才もあり教養もある、非常に優れた男性でした。彼は、シャネルの向学心を積極的に育てるようなつき合い方をしました。シャネルの貪欲な学習欲、吸収力が、男性をひきつけていったのです。

シャネルのほうでも、頑固《がんこ》な性格のわりには、学ぶことにおいては、素直に聞くところがありました。そういう素直さを持っていたので、愛した男性、教養ある男性からの吸収度が非常に高いのです。たとえば、

*20　『源氏物語』は平安時代に紫式部という女性が書いた、世界最古の小説。主人公の光源氏は、まだ幼い紫の上という少女を手元において自分の好みに合う素晴らしい女性に育て、後に恋人とする。

カペルからは、後のシャネル・モードを生む大きな発想のヒントを得ています。

カペルは、シャネルに上流階級へのチャンネルをひらき、ビジネスや教養など、さまざまなことを教えますが、自動車事故で若くして死んでしまいます。

彼女は「カペルを失って何もかも失った」というほど、その死を悲しみます。ここがシャネルの一つのターニングポイントだったのでしょう。ここからいっそう怒濤《どとう》のように仕事にのめり込んでいくのです。

CHANEL
カペル
事業とは…
わー これが 通帳!
キャー
ガブリエル シャネル

「育てられる能力」が高いシャネル

シャネルに刺激を与えた男性たち

ファッション界で成功した後、シャネルの交友関係は非常に華やかです。画家のピカソ、[*21] ダリ、[*22] ブラック、[*23] 音楽家のストラヴィンスキー、[*24] エリック・サティ、[*25] 詩人のジャン・コクトー、[*26] その若き友人の作家のレイモン・ラディゲ、[*27] バレエの演出家のディアギレフ[*28]など、一部の名前を挙げただけでも大変なものです。よくこれほど錚々《そうそう》たる人たちが周囲に集まったものだと思えるほどです。

教育されることがうまいことと、才能ある人たちとつき合うというのは、表裏一体です。学習能力が高いからこそ、才能のある人たちとつき合うことができたし、つき合えたからこそ、学ぶことができたわけです。

シャネルが好きになった、あるいは愛した男性は、みんな才能のある人たちですが、その才能をシャネルは、相手のエネルギー値の高さから見極めていたといえます。シャネル自身がエネルギー値が高いので、相手のエネルギーがどの程度なのかもよくわかるのです。

たとえばピカソです。シャネルはピカソをこんなふうに描いています。

---

*21 ピカソ　立体主義（キュビスム）などで絵画の歴史を変えた二〇世紀最大の芸術家。

*22 ダリ　超現実主義の画家。奇妙な行動やファッションでも有名だった。

*23 ブラック　ピカソとともに立体主義を生み出した画家。

*24 ストラヴィンスキー　ロシアの音楽家。「火の鳥」「春の祭典」などの名曲を残す。

*25 エリック・サティ　フランスの作曲家。「ジムノペディ」「ヴェクサシオン」などが代表作。

*26 ジャン・コクトー　フランスの詩人。舞台や映画などの分野でも

「帽子をかぶったスペイン人、あたしには道化《どうけ》に見えたわ。でも彼の黒い瞳《ひとみ》に見つめられると、金縛りにあったみたいに身動きできなくなった。あたしは顔をそむけたわ。そんなふうに顔をそむける自分が腹立たしかったけど、結局、彼はあたしをたじろがせたのよ」（『ココ・シャネル』）

シャネルはピカソのそのエネルギーに圧倒されたのです。

ストラヴィンスキーは一時、シャネルに惚《ほ》れ込んで、**離婚してまでも結婚したい**と求婚しています。しかし、シャネルは男性としてはピカソにひかれていたのです。

「一九二〇年代……あたしはイゴール・ストラヴィンスキーと知り会った。（中略）チェーホフの小説にでてくる官吏《かんり》の雰囲気があった。まるくて大きな鼻に、小さなひげをたくわえていた。若くて、おどおどしていたのが、あたしの気に入った。芸術家仲間のあいだで、いちばん心をひかれたのはピカソだったが、ピカソは、自由の身ではなかった。ストラヴィンスキーは、あたしに想いをよせた」（『獅子座の女　シャネル』）

シャネルがピカソと知り合ったのは、ピカソがコクトーの『パラード』

活動する。

*27 レイモン・ラディゲ　フランスの詩人。代表作は『肉体の悪魔』。若くして亡くなった。

*28 ディアギレフ　バレエ界に衝撃をもたらしモダンバレエの基となった「ロシア・バレエ」団を主宰。ストラヴィンスキーの音楽、ピカソの衣装などで舞台を飾った。

の舞台装置の担当者としてローマに行き、帰ってきた頃（一九一七～一九一八年の頃）です。

一九二〇年代には、ピカソは、ローマで知り合ったロシア将軍の娘だったオルガ・ホローヴァと結婚しています。だから、その当時、ピカソは自由の身ではなかったわけです。

ストラヴィンスキーからは音楽を教えてもらいます。

「そして毎日やって来ては、音楽を教えてくれた。なにも知らなかった音楽について、多少知るようになったのは彼のおかげだ。ワグナー、ベートーヴェンのことなど」（『獅子座の女　シャネル』）

ピカソは当時、ちょうど大変な勢いで売れっ子になっていきます。そして、その周囲にコクトーをはじめとするさまざまな芸術家たちや画商たちが集まってきます。

「アンブロワーズ・ヴォラールやローゼンバークの大画商たちが、ピカソという宝物をねらって、そのまわりをうろうろしていた。コクトーも、ピカソの前では色気をしめしていたし、ダダイスム[*29]の連中はいちゃつき、

＊29　ダダイスム
既成の概念、芸術などを否定する芸術運動。

シュールレアリスト[*30]のグループはおべっかをつかっていた」（『獅子座の女シャネル』）

ピカソに比べると、コクトーなどほかの芸術家たちはなかなか厳しい批評になっています。**コクトーは「自分に才能がないので懸命に吸収していた」**などと言われていますし、その友人ラディゲなどは「干した果実」です。

シャネルは知性・教養だけでなく、それとともにその人の持っている生命体としてのエネルギーというものも見極めているのです。

シャネルは、ピカソを「真空掃除機《そうじき》」と表現し、その正体がわからないほどだと言っています。

「ピカソは真空掃除機のように、あらゆるものを吸収しては、多くの仕事をした。だがついに、あたしは、その真空掃除機の正体をみつけ出すことはできなかった。

このひと自身のことを、あたしは好きだったが、本当は、その絵が好きだったのかもしれない。とはいっても、絵のことはなにもわかっては

＊30　シュールレアリスト
人間の夢想などを重視、表現する超現実主義（シュールレアリスム）を信奉する人たち。

いなかった。絵を含めたその存在すべてを、愛していたのだ。あたしにとって、ピカソは対数表なのだ」（『獅子座の女　シャネル』）

ある日、ダリ夫人のガラが、ピカソに対する世間の評判が高いことに腹を立てて、ピカソをこき下ろします。それに対して、シャネルは「彼は、あなたが言うほどばかでもないし、世間が言っているほど天才でもないわ」（『ココ・シャネル』）と言っています。

ガラが「じゃあ、あなたはダリをどう評価するの？」と言い返します。シャネルは、自分の皿の上に一粒残っていたグリーンピースを、指でピーンと弾いて、「ほら、それよ」と言いました。

われわれから見れば、ダリもかなりエネルギー値が高いと思いますが、**ピカソと比べると、ダリはグリーンピース程度**というのがシャネルの評価なのです。

これでは能力の低い男性からはシャネルは怖がられたでしょう。彼女とつき合えるのは優れた、自信のある男性だけだったわけです。

優れた男性たちは自分に自信があるので、余裕を持ってシャネルに対

エネルギー量で相手を見極める

して教育もでき、お互いに刺激を受け合うけれども、それよりちょっとパワーが落ちると、シャネル自身から強烈な「近寄るな光線」のようなものが出ていて突っぱねられたのでしょう。

ディアギレフに世間との距離感を学ぶ

優れた男性から学ぶという点で、世界のバレエを革新していく天才的な芸術家・ディアギレフとの関係が象徴的です。

彼は、巨大なエネルギーの持ち主でいつもバレエのことばかり考えています。シャネルと会っても、バレエのことが頭から離れないような人で、**つねにとてつもなく大きなエネルギーが回転している溶鉱炉《ようこうろ》のような男性**です。その側にいると、たいへんな刺激があったのです。

シャネルの側にいるときには、彼はいつも疲れてぼろぼろになっています。そんな姿さえもシャネルは好きだったと言います。

ディアギレフは、靴などをシャネルからもらっても売ってしまい、賭け事などに使ってしまうというハチャメチャな人です。しかし、舞台に賭ける情熱は凄《すさ》まじいものがありました。

もちろん、その作品で才能を示していますが、自分さえもぼろぼろにしてしまうほどのエネルギッシュな生き方に、シャネルは魅力を感じていたのです。

ディアギレフの生き方を好んだシャネル

ディアギレフの精力的なことは、「彼と知り合った日から、死水《しにみず》をとってあげたあの日まで、**あたしはただの一度も、ディアギレフが休んでいたのを見たことはない**」（『獅子座の女　シャネル』）というシャネルの言葉にもよく表れています。

「あたしにとっては、

いちばん魅力のある男友達だった。**情熱とぼろ着のなかで、あたふた生きているこのひとを、あたしは愛していた。**それは、彼のもつあの輝かしい神話からはほど遠く、飲まず食わずの日々、夜は稽古の連続で、古い椅子の上で、仮り寝の夢をむさぼり、**美しいバレエのために、なにもかも投げ出して、破産してゆく男**の姿でもあった」（『獅子座の女　シャネル』）

シャネルにとってはディアギレフは愛すべき、面倒を見てやらなくてはならない友人でもあった[*31]と同時に、見習うべき師でもあったのです。

「彼女はディアギレフから、どうすれば違った場所に自分を置くことができるか、**どうすれば超然としていられるかを学んだ。**あの因習に縛られた時代にあっては、それはまさにひとつの啓示であった」（『ココ・シャネル』）

シャネルは他人やマスコミに対して、生涯、超然的な態度をとるのですが、その技は、ディアギレフから学んだのです。

＊31　シャネルはディアギレフに多くの援助をしていた。

自らの独立性を保つ

モーリス・ザックス[*32]は『幻想の十年』の中で、シャネルについてこう書いています。

「シャネルには、ふたつの異なった性格がはっきり刻印されている。ひとつは農民の家系の血であり、いまひとつは女性というものの血だ。前者があるために、魅力的な男性たちの前で、彼女は用心深い。まるで、野原に立った少女時代の彼女が、自分の姿を映しだせるような親しい音を風が運んでくるのを待っているかのように。後者があるために彼女は、他人のなかの、自分が気に入ったものを真似し（これは女の特質だ）、自分のものにしてしまう」（『ココ・シャネル』）

あまりにもエネルギー値の高い芸術家の側にいると、女性はただ恋愛の対象でインスピレーションを与えるだけの存在になりがちです。

しかし、シャネルの場合は一方的に芸術家たちにインスピレーションを与える関係ではなくて、自らの独立性を保っていたので、芸術家たちから逆にインスピレーションを得てもいたのです。

＊32　モーリス・ザックス
フランスの作家。

シャネルにとっては、**自分の身近に非常に優れた男性を置いておくことで、自分自身がつねにフレッシュでいられる**のです。

実際、ピカソ、ストラヴィンスキー、ディアギレフ、コクトーなどという人たちは世界でも有数の芸術家です。そういう人たちの側にいるだけで、普通の人は圧倒されるばかりでしょう。

シャネルがそういう人たちとつき合えたのは、シャネル自身もエネルギーがあるのはもちろんのこと、**自分を失わない態度、自分には自分の仕事があるという自信**があったからです。

当時の上流階級の女性たちは、男性にぶら下がってお金を使うことを当たり前と思っていたのです。当然のことながら依存すれば、その分、自由はありません。しかし、シャネルの場合は、自分に経済力があるだけに、男性に媚びて依存する必要がありません。

だからシャネルは、結婚するかしないかを決めるのもまったく自由で、英国一の富豪といわれたウェストミンスター公に求愛されてもきっぱりと断ります。

「ココはウェストミンスターに『もし子どもができたら結婚するわ』と答えていた。――それはあたしのゆすりだったの、わかるでしょう――『そのときは結婚することにとても満足できるでしょう。そうでないなら、何のことがあるでしょう。もう愛し合えないというときがくるだろうけど、そのとき出口はみんな閉ざされているのよ。結婚……**人は安心や名誉のために結婚するんだわ**。そんなことはあたしにはなんら興味のないことよ』」（『ココ・シャネル』）

「すっきり、しゃっきり」がシャネル・ファッションの特徴ですが、このように男女の関係にお

独立自尊の生き方を貫いたシャネル

いても、シャネルはすっきり・しゃっきりしています。じつに**「粋《いき》」な女性**です。

「粋」については九鬼周造が*33『「いき」の構造』で書いています。ある種の媚態《びたい》、たとえば女性が男性に示す媚態ではあるのですが、その時に適度な距離感を持っているのが特徴です。

模様で言うと縦縞《たてじま》のような感じのものです。縦縞は、平行線だから交わりません。これが交差したり、渦巻き状になると粋じゃなくなると。色遣いも割と渋い色が粋だとされているわけで、「垢抜《あかぬ》けして（諦）、張りのある（意気地）、色っぽさ（媚態）」というのが「粋」の定義です。

「垢抜して」というのは、現実の野暮《やぼ》なものを捨てた、「さっぱり感」です。湯上がりの感じや、足袋《たび》を履いている状態よりも、足袋を脱いだ素足の感じ。垢抜している状態というのは、いろんなしがらみとか情のもつれとか、そういうものから一回すっと抜けている感じなのです。

「張り」というのは、意気地のことで、男が好きだけれども、男に完全に飲み込まれてしまうわけではないという独立性を保ったような感じです。

*33 九鬼周造（くき・しゅうぞう）日本の哲学者。代表作は他に『偶然性の問題』など。

いろんな経験を経てきて、ある時期には男に飲み込まれてしまった時期もあるけれども、一種諦めというものも含み込んだ形で、意気地を持つ。しかも色っぽさを失いません。「粋」とは成熟した女性だけが持てるものです。

シャネルもいくつかの恋を経て、時には飲み込まれたりもしたでしょう。しかし生涯、男性と結婚したり固定的な関係を持つことはありませんでした。最後まで、ただ独りのシャネルとして生き、死んでいったのです。

学べるポイント

① 学習意欲を高く持つことで「教えてくれる人」を呼び込む

② 自分のエネルギーを高めてくれる人とつき合う

③ 人に頼らず、自分の人生をつくる

第3章

シャネルの考え方

自立した女性の先駆け

01

夢だけが永遠

ハードなファッション界に身を置き、クールな現実主義者であったシャネルは、それでも人間の価値を、その人が見る「夢」に置いていました。

「実際にどう生きたかということは大した問題ではないのです。大切なのは、どんな人生を夢見たかということだけ。なぜって、夢はその人が死んだ後も生き続けるのですから」（『CHANEL』）

富豪や貴族から芸術家やビジネスマンなど男女を問わず多くの人間を見てきたシャネルが、そのさまざまな仮面の向こうに見たもの。それはその人が見た夢でした。その夢の価値こそ見極めるべきものだったのです。

02

自分の感性を信じて進め！

シャネルがファッションを発想する根本には、「自分がどんなものが着たいのか」という明確な基準がありました。自分が着て満足いっているからこそ、自信を持って商品化できるわけです。

「わたし自身がモードだったのよ」（『シャネル 20世紀のスタイル』）

シャネルは自分で自分のデザインした服を着て、社交界に出ていきました。自分を輝かせることで、多くの人を魅了し、ビジネスとしても成功への道を切り開いていったのです。

03

学ぶべきものを見極める

シャネルは一八歳で社会に出ており、高等教育は受けていません。しかし、当時一流の文学者や画家たちと対等以上につき合っています。

「子供にとって必要なのは、どんな教師からなにを得るかということだ。あたしは独学でやってきたし、ろくなことも習えなかったが、人生に一歩を踏み出してからは、いたらなさや、困ったことはそうなかった」（『獅子座の女　シャネル』）

シャネルは、つき合う人間から直接多くを学びましたが、そのためには、人に影響されすぎないことが大事だと言っています。どんな人から、何を学んで、何を学ばないかを見極めることが、ほんとうの成長につながることを知っていたのです。

04 自分の得意技を手放さない

シャネルは自分自身が第一級のお針子でした。もっとも得意だったのが鋏遣《はさみづか》いで、モデルに服を着せたままで、どんどん鋏で服を切っていったといいます。

「もしわたしが自分の紋章をつくるとしたら。図柄は鋏にするわ」（『ココ・シャネル』）

シャネルは自分の得意技をはっきりと認識して、それを武器にしていました。そしてシャネル・ファッションはごてごてした装飾過多な一九世紀のファッションからさまざまなものをはぎ取って、シンプルで活動的なシャネル・ファッションを生み出していったのです。

05

自分のポジションをしっかりつかむ

シャネルが活躍した時代はまさに二〇世紀、女性たちがそれまでの古いモラルや固定観念から逃れて、自由を獲得していく時期でした。

「なぜって、私は時代を存分に生きつくすことのできる最初の女なのですもの」

(『CHANEL』)

働く女性、自由な自立した女性。男性からの押しつけの美でなく、自分の美を生きる女性の時代。それこそシャネルの生き方、人生そのものでした。

06 時代の先を読み、新しいスタイルを生む

シャネルは時代に先駆けましたが、それは旧勢力との戦いも意味します。その戦いに次々と勝利を収める彼女は「皆殺しの天使」とまで呼ばれます。旧時代のファッションを皆殺しにしたという意味です。

「ひとつのモードが終わり、次のモードが生まれてくる。その変わり目のポイントに、あたしはいたのだ。チャンスが与えられ、それをつかんだ。新しい世紀をあずかる世代にあたしがいて、だからこそ、そのことを、服装で表現しようとしたのである」（『獅子座の女　シャネル』）

シャネルは時代の空気を感じ取り、そこに自分の自身の生き方を投影させ、成功を勝ち取ったのです。

07

自由に！　まじめに！

シャネルが最初にはじめたファッションは数多くあります。マリン・ルック、ショルダーバッグ、スポーツウエア……。

「私の仕事の世界では〈真の意味でのファッションのために〉という基準さえ踏み外さなければ、どんな変わった手段を用いることも許されています」（『CHANEL』）

シャネルは「自分が着て満足するもの」をつくりましたが、決して「自己満足のため」に服をつくったことはありませんでした。それゆえ、革命的なものが大勢の人に受け入れられたのです。

08

シンプルに！　実用的に！

シャネルは、一度ファッション界から引退しますが、七〇歳で奇跡のカムバックをします。そのときもファッションに対する「シャネル哲学」は健在でした。

「削って削って削り続けるの。付け足してはだめ」「ボタンホールのないボタンはないのよ」「外側だけでなく見えない内側も完璧に」（『CHANEL』）

明確で、迷いのない言葉。こうした言葉によってシャネルブランドは進み、現在もその哲学によって、ブランドの生命が続いているのです。

09

お金の魔力に負けない

シャネルは幼い頃から、自立と自由を何より求めました。どうすれば、他人の意のままにならないですむかを考え、すでに一二歳で、その解決法はお金だと見抜きます。

「富は蓄積ではない。全く反対である。あたしたちを解放するためにあるものなのだ」（『獅子座の女　シャネル』）

恵まれた生まれではないシャネルにとって富とは自由へのパスポートだったのです。とはいえ、富をつかむとそれを守ろうと不自由になる人も多い中、シャネルは決して自分の原点を忘れず、自立し自由であり続けました。

第4章

最強ブランドのルーツがわかる

ファッションアイテムで読み解くシャネル

アイテム①

帽子

シンプルさ追求の出発点

シャネルが、当時のファッションの中心地であったパリではじめて開いた店は、帽子屋でした。彼女のビジネスの出発点となったその帽子屋で扱っていた商品は、デパートで買ってきた既製品を改造しただけだったのですが、当時流行していた装飾過多の帽子の中では、彼女のシンプルで気品のあるデザインは、おおいに評判となりました。

「**単純さ、着心地のよさ、清潔さが必要だった。**あたしは、自分では気づかずに、この全部を提供していたのね。真の成功は運命的なものよ」（『ココ・シャネル』）

シャネルの最初の愛人であるバルサンの援助を受けて開いた店は、パリのマルゼルブ大通りにあり、この場所は「シャネルがはじめて帽子屋を開いた場所」として、モード史には記されることになります。その後、新しい恋人のカペルの援助を得たシャネルは、よりオシャレで人通りも多いカンボン通りに引っ越し、そこには「シャネル・モード」という看板を掲《かか》げることになります。

このはじめての成功を、シャネルは一生忘れませんでした。このときのことを、シャネルは次のように語っています。「あたしは**一九世紀の死亡、ひとつの時代の終焉《しゅうえん》に立ち合っているんだなあって実感したわ。**すばらしい時代だったけど、退廃的《たいはいてき》で、バロック様式の最後の残照。装飾過多がラインを殺し、肉体という建築を圧しつぶし、まるで熱帯のジャングルの寄生植物が樹木を窒息《ちっそく》させているみたいだったわ」（同書）

自作の帽子をかぶるシャネル。
初出はパリ「コメディア」誌1910年10月１日号。
（ジャン・レマリー著『ＣＨＡＮＥＬ』三宅真理訳／美術出版社より）

パリにある有名デパートで買った帽子を、ただ、まっすぐにかぶったスタイルが大きな話題となっていたのです。当時のほかの女たちは、斜めにかぶり、鳥の羽根など多くの装飾物を付けて飾りたてていました。シャネルの、驚くほど禁欲的な帽子をかぶったモデルの写真が、最先端のモード誌の表紙を飾るようになっていきました。

アイテム②

シンプルで着心地よく、むだがない

ジャージー

帽子デザイナーとして成功したシャネルは次に、リゾート地のドーヴィルで、海浜用の衣服やセーターを扱う店を出店します。当時のパトロンであったカペルが、仔馬のために、ドーヴィルに別荘を買い、シャネルにも疎開《そかい》することを強要したためでした。その頃のドーヴィルには、エレガントな女性たちが、たくさん疎開して来ていました。戦争が長引くにつれて、美容院だけでなく、自分たちのために服をつくる店も必要になってきます。シャネルの店には帽子専門の職人しかいませんでしたが、彼女は急遽《きゅうきょ》、この人たちを縫《ぬ》い子にかえました。「モードの世界になぐり込みをかける」といった革命意識が、シャネルにあったというわけではありません。

彼女は、第一次世界大戦の影響で布地が不足し始めたことや、**女性がシンプルで動きやすい実用的な服を必要とし始めた**ことに注目し、もともと漁師が着ていた服「ジャージー」の布地を用いて服をつくりはじめていました。一つのモードが終わり、次のモードが生まれる、その変わり目にシャネルは立ち合っていることを無意識のうちに彼女は知っており、時代の要求にただ自然に応えていたのでした。

「シンプルで着心地がよく、むだのないこと。ことさら、意図したわけではなく、あたしはこの三つのことを自然に、新しい服装にとり入れていた。本当の成功は、やはり運命的なものだったといったほうがいいだろう」(『獅子座の女 シャネル』)

ドーヴィルの店での大成功はシャネルに、独自のブランドを展開する衣装デザイナー「クチュリエール」としての基礎を確立させました。

ルドヴィク・アレヴィ作『コンスタンタン神父』でセシル・ソレスが着たストライプのシルク・ジャージのドレス。
初出は、ニューヨーク『ヴォーグ』誌1918年5月15日号。
(ジャン・レマリー著『CHANEL』三宅真理訳/美術出版社より)

アイテム③

香　水

ビジネス的な成功と経済的な安定をもたらす

一九二一年に発売されたシャネルの香水「五番」は、透明なガラス製のシンプルな角形の容器に、黒い文字が印刷されただけの白いラベルという、**シャネルの極度に禁欲的なデザイン**で知られています。その中に入っているのは、調香師エルネスト・ボウが実現させた「白夜の北極圏の河と湖の新鮮な香り」。

都会生活では人間の嗅覚は衰《おとろ》えがちですが、田舎で育ったシャネルは、自分の鼻に絶対の自信を持っていました。**「故郷のコンピエーニュの森で切ってきた木なら、枝一本の匂いをかいだけでもわかる」**などと話していたそうです。

シャネルの香水を生み出したエルネスト・ボウに出会ったのは、おそらくディミトリー大公との地中海旅行の途中であったと思われます。彼は、ロシアで香水の修業を積んだ、傑出した技術とインスピレーションを持つ調香師でした。不安定な性質のためにまだ香水には利用されていなかったアルデヒドを、なんとか安定させる方法はないかと模索しているところでした。

それさえ可能になれば、八〇種類の成分からなる、**白夜の北極圏の河と湖の新鮮な香り**の香水がつくれるという彼の夢が叶えられるという直感を持っていたのです。ボウの熱心さに打たれたシャネルは、これまでのどんな香水よりも濃密なボディと繊細なノートを持った香水をつくるようにと、彼を励《はげ》ましました。

ついにボウは、ナンバー一～五、そしてナンバー二〇～二四と番号のつけられた試作品を持って、シャネルのもとを訪れました。その香水の中からシャネルは、ちょうど五月五日に発表する予定の新しいコレクションで披露する香水としてナンバー五を選び、**香水の名前には、試作品の番号名をそのままつけました。**

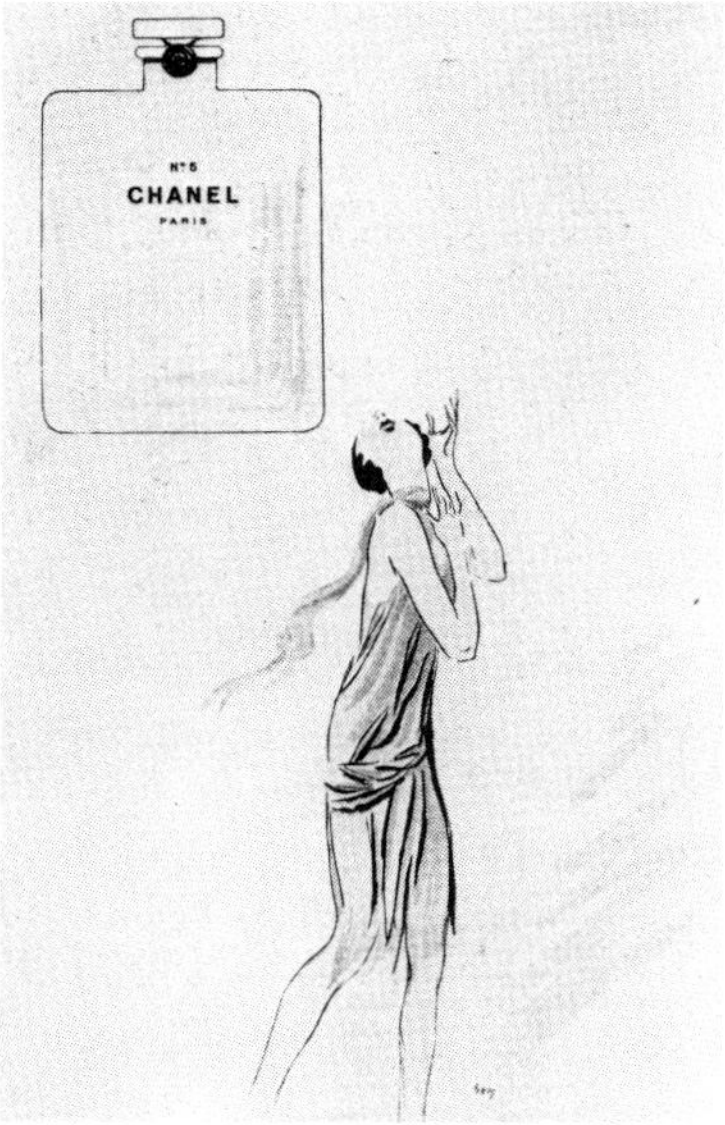

セムによるシャネルNo.5のポスター。初出はパリ「エレガンス・エ・クレアシオン」誌。
（ジャン・レマリー著『CHANEL』三宅真理訳／美術出版社より）

この香水部門での商業的成功は、シャネルに安定した経済基盤を提供しました。第二次世界大戦が始まった年から一五年間にも及ぶシャネルの沈黙と奇跡的なカムバックを経済的に支えたのは、この香水会社からの収益でした。

アイテム④

偽物と本物と アクセサリー

シャネルは一九二四年、宝石の模造品を用いたアクセサリーのためのアトリエを新設しました。人造宝石であっても、本物におとらないばかりか、かえって装いを引き立てることもあるというシャネル自身の考えに基づいたものでした。シャネル自身は、「わたしの仕事の世界では**〝真の意味でのファッションのために〟という基準**さえ踏みはずさなければ、どんな変わった手段をもちいることも許されています」と言っています（『CHANEL』）。

シャネルが登場するまでのアクセサリーには、本物の高価な宝石と、俗悪な安物の装身具の二種類しかありませんでした。シャネルは、デザインの力によって、その中間の、本物ではないが独自で美しい装身具をつくったのです。金と真珠の何重ものチェーンや、マルタ十字のペンダントなど、そのデザインには、当時つき合っていたディミトリー大公を通して吸収した**ロシアからの影響**を見て取ることができます。

ディミトリー大公を通して受けたロシアの影響を、アクセサリーのほかに、ドレスに施した凝った刺繍《ししゅう》や、コートの裏地に使った毛皮などに見て取ることもできます。ロシアでは伝統的に見られるこのようなモードをシャネルは、小粋なパリジェンヌ風へと変えてゆきました。

しかし、経済恐慌が一九二九年に世界を席巻すると、紙幣が紙くず同然となってしまったために、本物の宝石への関心が高まるという皮肉な事態を迎えてしまいます。偽物はどれほど楽しく愛らしいものでも所詮《しょせん》偽物としか見られなくなってしまったのです。

シャネルは一九三二年、慈善事業の一環として、本物のダイヤモンドだけを使った宝飾展を開催しました。彼女がダイヤモンドを選んだのは、**小さい粒にすばらしく大きな価値が込められている**という、その密度の濃さに惹かれたためでした。

パリ、カンボン通り31番地のシャネルのアクセサリー店のショーケース、1938年。
撮影／ロジェ・シャール。
（ジャン・レマリー著『ＣＨＡＮＥＬ』三宅真理訳／美術出版社より）

アイテム⑤

絶対的な美しさ
黒と白のドレス

一九二〇年頃からシャネルは、ドレスの色に黒色を用いるようになっていきます。シャネル自身、**たくさんの色を使えば使うほど、女はかえって醜《みにく》くなる**と考えていました。

その当時のシャネルが流行させていたのは、一九二二年に出版されてベストセラーとなったヴィクトル・マルゲリットのスキャンダル小説の題からとられた**「ラ・ギャルソンヌ」**というスタイルです。

「男の子のような女性」と日本語に翻訳することができるでしょう。ショートヘアにつばのない小さな帽子、少年のような若々しい、ほっそりしたシルエットに、ストレートなラインと平板な面を特徴としています。

このファッションは、女性らしい体の曲線を強調していたそれまでのファッションを駆逐してしまいます。

それまでの古い世代を代表するクーチュリエのポール・ポワレは、モロッコへの旅行でインスピレーションを得たエキゾチックな色彩を使うことによって、シャネルの新しいスタイルに対抗しようとしましたが、彼女の飾り気のない黒や白のドレスの持つ「**洗練された単純さ**」に、あえなく敗れ去ります。

シャネルは、黒と白という二つの色について、次のように述べています。

「おんなは、ありとあらゆる色について考える。あたしは黒は、すべての色にまさると主張してきた。白も同じである。この二色は**絶対的な美しさがあり、完全な調和がある。**舞踏会で白か、黒の衣装《ソワレ》を着たおんな——ほかの色彩をつけた女たちは消えてしまうだろう」（『獅子座の女シャネル』）

白クレープジョーゼットのシャネルのイブニングフロックを着たマダム・ヴァルダ。
撮影／エドヴァルト・シュタイヒェン。
ニューヨーク「ヴォーグ」誌、1924年10月1日号。
（ジャン・レマリー著『ＣＨＡＮＥＬ』三宅真理訳／美術出版社より）

一九三〇年代に入ると、シャネルのドレスの色の主役は、黒から白へと変わっていきます。黒と白のコントラストも、好んで使われるようになります。シャネルは室内装飾の分野でも、黒と白による色彩の「純粋化」を試みるようになります。

アイテム⑥

イギリスからの影響

マリンルック

一九二五年に、イギリス貴族で「世界一の金持ち」との評判のあったウェストミンスター公とシャネルの恋愛が公になります。ウェストミンスター公爵といえば、当時のヨーロッパ中の女性にとっては、「かなわぬ夢」そのもののような存在でした。彼の一番の趣味はヨットで、地中海の船旅用に「フライング・クラウド」号、大西洋の航海のためには駆逐艦「カティ・サーク」号があり、いつでも出航できるようにつねにどこかの港に待機していたほどでした。

シャネルは、豪華な船旅の中で、イギリスの水夫の服に興味をそそられるようになります。クチュリエールとしてのシャネルが追い求めていたのは、はじめてのデザイン以来一貫して、**実用的で着やすく自由な服**でした。水兵たちの労働の現場にふれて、彼らのユニフォームに惹かれていきます。この経験から生まれたのが、「マリンルック」でした。

「材質は、いずれもニット、木綿、ウールといった丈夫なものばかりが使用されていた。紺と白の組み合わせも、海の上ではほかの色よりも美しい。自然の中にとけ合うからだ。大地にはそれにふさわしい色があると考え、いつも地味な色出しを考えてきたシャネルは、ここでも、環境にあう色彩の素晴らしさを再発見するのだ」（『シャネル　20世紀のスタイル』）

シャネルのファッション史における功績は、新しいモデルをつくったというよりも、**「着方を教えたことである」**といわれています。彼女は、ジッパーやボタンが着る人の手の届く範囲にあって、女性が男性の手を借りなくても着ることのできる服をデザインしました。

シャネルの、女性でも自由に動きまわることのできる服である「マリンルック」は、人々の憧れのファッションともなりました。マリンルックは、実用的であったばかりでなく、ヴァカンスを楽しむことのできる、**余裕のある生活のシンボル**となっていったからです。

マリンストライプのトップにたくさんのアクセサリーをつけたシャネル。
（秦 早稲子著『シャネル20世紀のスタイル』／文化出版局より）

実用性というテーマは、シャネルを生涯支配しつづけ、彼女のさらなる功績と成功の鍵となります。

アイテム⑦

既製服の基本
シャネル・スーツ

シャネルは一九五四年、パリのファッション界に劇的なカムバックを果たしましたが、ヨーロッパでの評価は、かんばしいものではありませんでした。唯一アメリカのジャーナリズムがシャネルを支持し、シャネルの服は、アメリカ市場で爆発的な人気を呼ぶことになります。とくに一九五六年に発表された服は、彼女の名前を冠して「シャネル・スーツ」と呼ばれるようになりました。

カムバック後のシャネルは、華やかな場に出ることの多い上流女性のドレスと、映画女優の衣装を数多くつくりました。その結果、シャネルのつくる服は**永遠性と新しさ**、**特権意識と民主性**の両方を満足させてくれるものとして一般女性にも受け入れられるようになります。彼女の服はまずアメリカで、シャネル自身が希望していた通り、広く街中に流れ出ていくのです。

その後シャネルは、靴やバッグなどの代表的なアイテムを次々に発表していき、「トータルスタイル」としての「シャネルスタイル」を確立することになります。

シャネルの言葉に、「すばらしくよくできた一枚の服は、やがて既製服の基本になる。けれども既製服からはすばらしい服は生まれない」というものがあります（『シャネル 20世紀のスタイル』）。シャネルは、自分の服のコピーに関しては寛大であったといいます。コピーは、防ぎようのない時代の流れと現実だとみなしていたからであり、彼女は「コピー」という行為にモードの本質を見通していたのです。

彼女の服がシンプルでコピーしやすかったことが、その成功の要因の一つとなっています。

パリ、カンボン通り31番地のアパルトマンでのガブリエル・シャネル、1954年。
撮影／アレクサンダー・リバーマン。
（ジャン・レマリー著『ＣＨＡＮＥＬ』三宅真理訳／美術出版社より）

しかしコピーされるためには、シャネル自身のつくる**オリジナルは完璧でなければなりません**。また、自分のオリジナルは誰にも決してほんとうの意味では真似できない服であるという強い自負を、彼女は抱いていたのです。

第5章

華麗な恋と友情
エピソードでわかるシャネル

ライバル

事業に協力

友情と反発

恋愛関係

◆ファッション・デザイナー

ポール・ポワレ
エルザ・スキャパレリ
クリスチャン・ディオール

◆協力者

エルネスト・ボウ（香水師）
セシル・ビートン（写真家）

◆生涯の友人

ミシア・セール（親友）
ガブリエル・コレット（作家）

◆恋人

エティエンヌ・バルサン（フランス騎兵隊将校）
ウェストミンスター公（イギリス大公）
ハンス・ギュンスター・フォン・ディンクラーゲ（ナチス諜報部員）
アーサー・カペル（イギリス人実業家）
ディミトリー・パヴロヴィッチ（ロシア亡命貴族）

Chanel,G.
relations >>>

天才シャネル人間模様

援助し、刺激を受ける

◆芸術家

【劇作家】

ジャン・コクトー（『恐るべき子供たち』）

【画家】

パブロ・ピカソ（『泣く女』『ゲルニカ』）

サルヴァドール・ダリ（『記憶の固執』）

ファン・グリス（『サンブラインド』）

【詩人】

レイモン・ラディゲ（『肉体の悪魔』）

マックス・ジャコブ（『占星術の鏡』）

【作家】

ヘンリー・バーンスタイン

【彫刻家】

ジャック・リプシッツ（『母と子』）

【音楽家】

エリック・サティ（『ジムノペディ』）

【映画監督】

ルキノ・ヴィスコンティ（『郵便配達は二度ベルを鳴らす』）

【ロシア・バレエ団の人たち】

セルゲイ・ディアギレフ

（芸術総合プロデューサー）

ヴァーツラフ・ニジンスキー

（バレエ・ダンサー）

レオニード・マッシーン

（バレエ・ダンサー）

◆芸術家の恋人

ピエール・ルヴェルディ（詩人）

ポール・イリブ（イラストレーター）

イーゴル・ストラヴィンスキー（音楽家）

アーサー・カペル

シャネル・モード最初の発想を与える

「イギリス人の洋服屋で作り直させてあげよう」

アーサー・カペル（〜一九一九）
イギリス人資産家。パリでの帽子屋出店を援助し、シャネルが世に出るきっかけをつくりました。シャネル三六歳の時に事故死。

「きみがそんなにその服に執着するんなら、イギリス人の洋服屋で、もっとエレガントに作り直させてあげよう……。カペルはそう言ってくれた。カンボン通りのモードは、すべてそこから出発したの」

ボーイ・カペルの確かな趣味が、厳格さをも欠いていない規範にのっとって、ココを育てあげる。見せかけだけのもの、余分なもの、成金趣味なものは何ひとつない。かつてのオバジーヌの寄宿生は、シャネル「スタイル」を告げ、スポーツから自由さを借用したこの発見を、見事な腕前で、女のものに変える。（中略）

「あたし、黙りこくったまま、家に着くと、ハンドバッグの中身を全部床にぶちまけて、出ていくわ、って言ったの。彼はスミスの店の前であたしに追いついた。どしゃぶりの雨で、前が見えないくらいだった。嵐だったのよ。あたしは泣きだした。すべてが終わったのよ。カンボン通りにむかって歩き出したら、彼が言ってくれた。『だめだよ。どうするつもりなんだい。ぼくのところにきて眠りなさい。気を鎮めるんだ。まったく十歳の子どもみたいなんだから』」

午前三時、ココは彼の腕のなかで目をさます。「お腹すいちゃった」

（『ココ・シャネル』クロード・ドレ／上田美樹訳／サンリオ）

シャネルとの関係

シャネルがその生涯でもっとも愛したといわれる男性が、アーサー・カペル、通称ボーイ・カペルです。彼はシャネルのために、パリ・カンボン通りにあるシャネル最初の店である帽子屋や、避暑地ドーヴィルの店を開店するための資金を提供し、シャネルのファッションが世に出るきっかけを準備しました。また、シャネルにイギリス流の服の仕立て方を教えたのも、彼でした。

ディミトリー・パヴロヴィッチ

ロシアのさまよえる貴公子

「妻にも愛人にもならないからといって」

ディミトリー・パヴロヴィッチ（一八九四〜一九四二）
ロシア革命を生き残った貴公子。シャネルは、彼を通してロシア的なものに魅かれ、モードに毛皮や刺繍を取り入れてゆきました。

シャネルはディミトリより十歳年上だった……。彼女はディミトリをすっかり眩惑する。追放された彼のロシアの友人たちはすべて、カンボン通りに職を見つけることになる。スウェーデン王妃になったかもしれぬ彼の最愛の姉、マリヤ大公妃は、ココのところでロシア刺繍を教える。運命の奇妙な類似……。姉弟は幼いときに、ギリシア人だった母親アレクサンドラを失くしていた。父親のパーヴェル大公は、離婚歴のある女性と再婚したために地位を失い、子どもたちと引き離された……。こういう傷ついた幼年期がどういうものであるか、ココは直観的に理解した。そして一方ではこの直観のゆえに、ココは、**結婚生活というまっとうな生き方とは逆の方向**へと歩んでいっ

た。まっとうな生き方をすれば、結局、子ども時代の悲哀と再会することになるからだ。(中略)
ディミトリだけはココの心を揺るがす。ココは彼にこう言うだろう。「泣かないで、ディミトリ。あたしが**あなたの妻にも愛人にもならない**からといって」。そして大胆にも、こう言いそえる。「でもあたし、あなたに絨毯の上で寝てちょうだいとは言わなかったわ……」

(『ココ・シャネル』クロード・ドレ/上田美樹訳/サンリオ)

シャネルとの関係

当時のパリには、ロシア革命の余波で、亡命したロシア人がたくさんいました。また、当時のパリ芸術の総合プロデューサーと言うべきディアギレフが、ロシアの音楽やバレエを大流行させていました。ロシア芸術のパトロンとなっていたシャネルは、美しく、孤独の影を背負ったディミトリー公と恋に落ちます。彼との恋愛からシャネルは、恋人を庇護し援助する立場に立つようになります。

恋愛エピソード

シャネルとのおつき合い

ピエール・ルヴェルディ

シャネルの影を愛した「本当の詩人」「闇の中でしかおまえを見たことがない」

ピエール・ルヴェルディ（一八八九～一九六〇）
ナルボンヌ生まれの詩人。シャネルとは一九二四年頃まで交際。シャネルは彼のことを生涯、賞賛と尊敬を込めて語りました。

ルヴェルディが一九三七年に出版した詩集『屑鉄』の中には、シャネルとの恋の思い出が微妙にひびいている詩があるといわれる。中でも「回転する心臓」の次の一節に、シャネルの影を見ることができるかもしれない。

闇の中でしか決しておまえを見たことがないのだが、私はおまえを愛している
私はおまえを愛している　そしておまえはまだその数に入っているのだ
夕ぐれの中に動く不思議な姿よ
私がひそかに愛しているのは　裏箔のないこの鏡の上を

ただ一度だけ過ぎてゆき
私の心を引き裂き　消え去る私の希望のまえに閉じられた空の表面で消えさるものだから

（『ピエール・ルヴェルディ』高橋彦明訳）

ルヴェルディはソレームに去った。彼の死まで、シャネルは遠くから尊敬と影の友情を送りつづけるだろう。

（『ココ・シャネルの星座』海野弘／中公文庫）

シャネルとの関係

一九二〇年頃のシャネルは、カペルの死から立ち直っていました。また、ファッションと香水のデザイナーとしての名声をすでに手にしていました。男の世話にならなくても、自分で自由に生きることができるようになっていたのです。ルヴェルディと恋に落ちたこの頃は、自信に満ちていて、仕事にも私生活にも、もっとも情熱を持っていた時期ではなかったでしょうか。

ウェストミンスター公

結婚の申し出を断る「世界でたった一人のココ・シャネルだろう」

ヒュー・リチャード・アーサー・グロウヴナー〈二代ウェストミンスター公〉（一八七九〜一九五三）

イギリス名門貴族で、当時のイギリス一、あるいは世界一の大富豪。結婚の申し出をシャネルが拒んだという伝説もあります。

ウェストミンスター公爵は彼女を妻に迎えたかった。が結婚はなされなかった。なぜだろう。

彼女はいう。

「彼はまだ自由の身ではなかったからよ。彼の離婚は三年かかった。だれだって、三年も一緒に暮した男と、わたしを結婚させることはできないわ」

（中略）

人の話によると、彼女は、ウェストミンスター公爵夫人ならば何人もいるけれど、マドモアゼル・シャネルは一人しかいない、といって、公の結婚の申し出を断わったといわれている。

「わたしがそんなでたらめをいったとしたら、公はさぞかし笑ったことでしょうよ」と彼女はいった。

実際にはこの話は、ある夕食の席で、友人たちが、ココと公爵について話をしていたときに生まれたものらしい。

「なんで彼女が公と結婚するんだい」とチャールズ・メンデル卿（英国の大使館参事官）がいった。「彼女は**世界でたった一人のココ・シャネルだろう**。ウエストミンスター公爵夫人ならもう三人もいるがね」

（『ココ・シャネルの秘密』マルセル・ヘードリッヒ／山中啓子訳／早川書房）

シャネルとの関係

ビジネスでの大成功を収め、パリで「女王」という称号を得ていたシャネルは、「世界一の金持ち」ウェストミンスター公と、独立した女としてのつき合いを始めます。公からの贈り物が届くたびにシャネルは、それに見合う贈り物を直ちに贈り返したといわれています。ファッションにおいて彼女は、ウェストミンスター公からイギリス風エレガンスの大きな影響を受けています。

パトロンとして

セルゲイ・ディアギレフ

いちばん魅力ある男友達
「天才を信じ、天才を探していた」

セルゲイ・ディアギレフ（一八七二〜一九二九）
ロシア出身の芸術総合プロデューサー。新進の戯曲家（コクトーら）、画家（マティスら）、振付師（マッシーンら）を発掘した。

——公爵夫人のところに行ってきたんだが、夫人は七万五千フランくれたよ。
——アメリカの大貴婦人だもの。あたしはフランスの一介のクチュリエール。ほら、ここに二十万フランあるわ。

ココはロシア・バレエ団に肩入れして、稽古があると欠かさず出かけていった。（中略）

「ディアギレフって人は**自分の仕事に向かってまっしぐらに突進したわ**」とは、シャネルのディアギレフ評である。「彼にとっての仕事、それは無意識のうちにロシアを売り込み、自分のロシア魂を明確に打ちだすことだったの……。美しい奴隷たちをしたがえて、トルコ風の専制主義的な態度で事にのぞんだわ…

…。あくる日になると、お金をポケットにつっこんで、またもやアヴァンチュールに溺れ、混み入った愛憎劇の虜になって姿をくらますの。そして、新しい作曲家を連れて、あるいは何度も組織し直したバレエ団をしたがえて、暗がりの中から、あるいはアメリカから、ひょっこりまた姿をあらわすの。**時代が変わっても、彼は天才というものを信じ、天才を探していたわ。**浮浪者が歩道で煙草の吸殻を探すみたいに」奇妙なことに、後年、コレクションの最中に、シャネルの脳裏によみがえったのはディアギレフのことだった。

（『ココ・シャネル』クロード・ドレ／上田美樹訳／サンリオ）

シャネルとの関係

ディアギレフは、演劇芸術のプロデューサーであり、企画者であり、監督である「インプレザリオ」として、ダンサー、俳優、音楽家、画家、作家など、あらゆる才能を組織していました。シャネルは、これまでほとんどが上流階級の婦人であった芸術のパトロンとしての役割を、彼と出会うことによって、果たしていくようになりました。

パトロンとして

ジャン・コクトー

舞台衣装のデザインを依頼
「彼女は現代最高のクチュリエールだ」

ジャン・コクトー（一八八九〜一九六三）
詩人、劇作家、美術家などとして活躍。ラディゲの死後に阿片に溺れていたコクトーを療養所に送ったのはシャネルでした。

ガブリエル・シャネルがはじめてミシア・セールに会った一九一七年五月のセシル・ソレルの晩餐会にはジャン・コクトーも出席していて、間もなくガブリエルとコクトーは親しい友人となった。（中略）一九二一年の夏、コクトーはリヴィエラのル・ラヴァンドゥでラディゲと過ごした休暇中に、その最高の詩集である「プラン・シャン」と二つの短編小説、そしてソフォクレスの傑作「アンティゴーヌ」を自在に翻案した戯曲をひとつ書き上げた。（中略）

衣装はコクトーのたっての希望でガブリエル・シャネルにデザインが依頼された。コクトーは新聞の取材に対し、その理由をこう述べている。「**彼女は**

現代最高のクチュリエールだし、僕には貧相な格好をしたオイディプスの娘など想像できないからね。」ちょうどその頃、自分のサロンの装飾にギリシャの大理石をとりいれ、また、その新しいコレクションでアンティークなドラペリーのドレスを何点か発表したばかりだったシャネルは、目の粗い、色染めしていないウールの生地を用いた斬新な、しかも舞台装置によく調和した衣装を作り上げて、コクトーの要請にみごとにこたえてみせた。シャネルの衣装は大きな反響を呼び、当時のいくつもの雑誌に取り上げられた。

（『ＣＨＡＮＥＬ』ジャン・レマリー／三宅真理訳／美術出版社）

シャネルとの関係

コクトーが脚本を書いたバレエの劇には、当時の多くの天才たちが協力しました。シャネル、サティ、ディアギレフ……。コクトー脚本の戯曲「アンティゴーヌ」の舞台衣装は、コクトーたっての希望でシャネルがデザインを担当しました。この衣装で彼女は、第一次世界大戦前の絹のファッションに代わって、簡素で機能的な毛織物のファッションを登場させています。

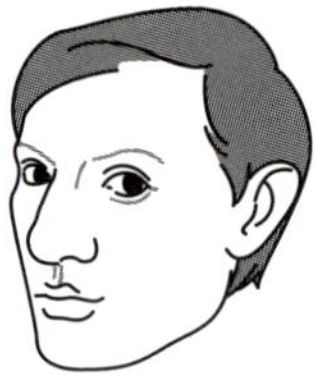

パブロ・ピカソ

社交界の中の二人の異邦人
「われわれは同類だ」

パブロ・ピカソ（一八八一〜一九七三）
キュビスムの創始者。シャネルとともにディアギレフに協力し、コクトー脚本の演劇やバレエの舞台美術を担当しています。

ミシアを通してピカソとシャネルは親しくなる。どちらも社交界の新米であり、そのことによって親しくなった。**二人とも社交界の中で、自分たちが異邦人であることを知っていたし、醒めていた。**そして、ひそかに「われわれは同類だ」と思ったのであった。

一九二〇年、ピカソはバレエ・リュスの『プルチネッラ』の舞台装置を、さらに一九二一年にはバレエ・リュスの『クワドロ・フラメンコ』を、デザインした。この頃、シャネルはバレエ・リュスを自分で後援できるようになり、ミシア、ピカソ、シャネルはしばしば連れだって、バレエ・リュスの公演にあらわれる。やがて、ピカソは、シャネルのサロンにも姿を見せるようになる。

一九二四年には、エティエンヌ・ド・ボーモン伯爵が主催の「バレエの夕べ」で『メルキュール』が上演される。これはディアギレフのもとを去ったマシーンがサティの曲に振付けたもので、ピカソが装置をデザインした。すぐ後に、バレエ・リュスは『青列車』を上演する。装置はアンリ・ローランスだったが、垂れ幕にピカソの絵を拡大したものを使い、**コスチュームはシャネルが担当した。**

（『ココ・シャネルの星座』海野弘／中公文庫）

シャネルとの関係

シャネルと交流のあった時代のピカソは、コクトーが脚本を書いたディアギレフのバレエに協力していた頃であり、彼が最も社交的になった時代であると言われています。ピカソの最初の妻オルガは、ディアギレフのバレエ団のダンサーでした。彼女が妊娠していたときにピカソはよく、サントレノのシャネルの家へ泊まりに行きました。

『シャネルの真実』
山口昌子
人文書院

ジャーナリストならではの視点から新事実を盛り込み、彼女の人生を描きます。

『ココ・シャネルの星座』
海野弘
中公文庫

シャネルの周囲を星座のように取り巻いていた芸術家たちに焦点を当てています。

『ココ・シャネル悲劇の愛』
ソフィ・トゥルバック
松本百合子訳
集英社

最愛の男性と過ごしたシャネルの秘められた青春時代を中心に記述しています。

『ココ・シャネルの秘密』
マルセル・ヘードリッヒ
山中啓子訳
早川書房

孤独におびえ伝説で自らを塗り固めていったシャネルへのインタビュー。

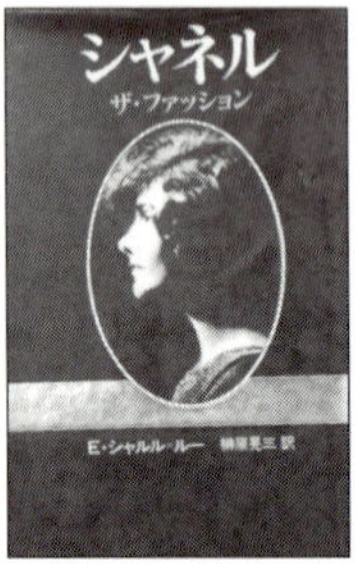

『シャネル　ザ・ファッション』
E・シャルル＝ルー
榊原晃三訳
新潮社

シャネル本人への取材と16年間にも及ぶ実地調査に基づいた伝記です。

『シャネルに恋して』
マリア・ケント
伊藤啓子訳
文化出版局

シャネルに生地を提供していた著者の感情には愛と憎悪が入り交じっていました。

RELATED books>>>

『獅子座の女 シャネル』
ポール・モラン
秦　早穂子訳
文化出版局

同時代に生きた作家が共感を込めてシャネルの半生を描き出しています。

『ココ・シャネル』
クロード・ドレ
上田美樹訳
サンリオ

精神分析家でもある著者が、10年間の交流からシャネルについて語ります。

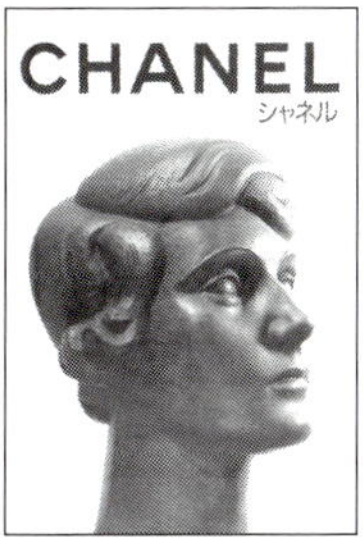

『CHANEL』
ジャン・レマリー
三宅真理訳
美術出版社

多数の美しい写真・イラストとともに、シャネルの業績を明らかにしています。

『シャネル20世紀のスタイル』
秦　早穂子
文化出版局

その独創的なスタイルが生まれる現場を、交友関係から生き生きと描きます。

『カンボン通りのシャネル』
リルー・マルカン
村上香住子訳
マガジンハウス

シャネルをそばで見守り続けた著者が、日常生活の「マドモアゼル」を描写。

『シャネル　スタイルと人生』
ジャネット・ウォラク
中野香織訳
文化出版局

ファッション界で活躍した著者が、シャネルのモードの魅力を読み解きます。

シャネルがわかる12冊

天才をもっとよく知るために

参考・引用文献

「シャネルがわかる12冊」に加えて
『シャネルの警告　永遠のスタイル』（渡辺みどり／講談社）
『ファッション・デザイナー　ココ・シャネル』（実川元子／理論社）

齋藤 孝

1960年静岡県に生まれる。東京大学法学部卒業。同大学院教育学研究科博士課程を経て、明治大学文学部教授。専攻は教育学・身体論・コミュニケーション論。「斎藤メソッド」という私塾で独自の教育法を実践。主な著書に『身体感覚を取り戻す』（ＮＨＫブックス）、『声に出して読みたい日本語』（草思社）、『読書力』『コミュニケーション力』（岩波新書）、『質問力』『段取り力』（筑摩書房）、『天才の読み方――究極の元気術』『自己プロデュース力』『原稿用紙10枚を書く力』『人を10分ひきつける話す力』、美輪明宏との共著に『人生讃歌』（以上、大和書房）『いますぐ書けちゃう作文力』（どりむ社）など多数。

齋藤孝《さいとうたかし》の天才伝《てんさいでん》6

シャネル

人生《じんせい》を強《つよ》く生《い》きるための「孤独力《こどくりょく》」

2006年9月10日　第1刷発行

著　者　齋藤《さいとう》孝《たかし》

発行者　南　暁

発行所　大和《だいわ》書房
東京都文京区関口1-33-4　〒112-0014

電　話　03(3203)4511

振　替　00160-9-64227

印刷所　歩プロセス

製本所　田中製本印刷

装　丁　　穴田淳子(ア・モール・デザインルーム)

装　画　　しりあがり寿

本文イラスト　イラ姫　市川美里(マイルストーンデザイン)

編集協力　　荒井敏由紀
　　　　　　どりむ社

ISBN4-479-79175-2

http://www.daiwashobo.co.jp